www.psychologie-lernen.de

Über Dipl. Psych. Eskil Burck

Eskil Burck absolvierte sein Studium an der Universität Koblenz-Landau. Schon während des Studiums begann er Erkenntnisse aus der psychologischen Forschung einer großen Öffentlichkeit zugänglich zu machen.
Sein Audio-Podcast belegte immer wieder Platz 1 in den iTunes-Charts in der Kategorie „Bildung".
Seine Lern-Videos wurden allein auf YouTube bereits mehr als zwei Millionen mal angeschaut.
Sein Buch „**Neue Psychologie der Beeinflussung**" wurde zum Amazon-Bestseller.
Weitere Informationen finden Sie auf www.psychologie-lernen.de

Youtube-Kanal: psychologie-lernen.de

Die Macht der Situation

Eskil Burck

www.psychologie-lernen.de

Deutsche Erstausgabe 2017
Copyright © Eskil Burck

Umschlaggestaltung: Eskil Burck
Unter Verwendung von Stockphotos: © Sergey Nivens / Fotolia.com

Cartoons: Dipl. Psych. Eskil Burck
Unter Verwendung von Cartoon-Figuren von © ratch0013 / Fotolia.com

Weitere Abbildungen: © ra2 studio / Fotolia.com, © pathdoc / Fotolia.com, © Sergey Nivens / Fotolia.com, © lassedesignen / Fotolia.com, © olly / Fotolia.com, © Maksim Šmeljov / Fotolia.com, © Photocreo Bednarek /Fotolia.com, © Maksim Šmeljov / Fotolia.com, © HappyAlex / Bigstock.com, © Sergey Nivens / Bigstock.com, © alphaspirit / Bigstock.com

Die Deutsche Nationalbibliothek verzeichnet diese Publikation in der Deutschen Nationalbibliografie; detaillierte bibliografische Daten sind im Internet über http://dnb.d-nb.de abrufbar. Alle Rechte, einschließlich des vollständigen oder auszugsweisen Nachdrucks in jeglicher Form, sind vorbehalten.

Die Wiedergabe von Gebrauchsnamen, Handelsnamen, Warenbezeichnungen usw. in diesem Werk berechtigt auch ohne besondere Kennzeichnung nicht zu der Annahme, dass solche Namen im Sinne der Warenzeichen und Markenschutz-Gesetzgebung als frei zu betrachten wären und daher von jedermann benutzt werden dürften.

Der Autor geht davon aus, dass die Angaben und Informationen in diesem Werk zum Zeitpunkt der Veröffentlichung vollständig und korrekt sind. Der Autor übernimmt allerdings weder ausdrücklich noch implizit Gewähr für den Inhalt des Werkes, etwaige Fehler oder Äußerungen.

Impressum:
Eskil Burck, Im Steingebiß 6, 76829 Landau
Tel: 07272/6040

Email: mail@PsychologiederSchule.de

© 2017
Herstellung und Verlag:
BoD – Books on Demand, Norderstedt
ISBN: 9783743165823

Psychologie-Lehrvideos im Web
www.psychologie-lernen.de

Video: Manipulation entlarvt - Mit der Reaktanztheorie Verhalten vorhersagen

Video: Unbewusste Beeinflussung durch Werbung: Manipulation durch Musik, Düfte etc...

Video: Gedankenlesen leicht gemacht...

Video: Die Psychologie des Überzeugens – Das Elaboration Likelihood Modell

Alle Videos können kostenlos auf YouTube angeschaut werden!

Psychologie-Lehrvideos im Web
www.psychologie-lernen.de

Video: Kostenloser Drogentrip! Was optische Illusionen über unser Gehirn verraten

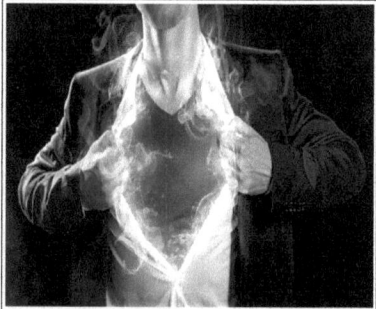

Video: Angst und Stress neu bewerten (Aufregung = Energie?)

Video: Der Halo-Effekt Wenn ein Persönlichkeitsmerkmal alles überstrahlt

Video: Ist Selbstdisziplin wichtiger als Intelligenz?

Und viele mehr!
Außerdem können alle Episoden auch als mp3-Datei heruntergeladen werden.

Inhaltsverzeichnis

Einleitung..11
Was dieses Buch von anderen Büchern unterscheidet....................11
Was Sie in diesem Buch erwartet..13
Vorsicht vor dem „Das-war-doch-klar"-Effekt (hindsight bias)!......16
1 Die Macht der Situation – Von den Klassiker-Studien bis heute..19
1.1 Wie wir uns durch andere beeinflussen lassen...........................20
1.2 Das Milgram-Experiment – Der Druck der Autorität................23
1.3 Schmetterlinge im Bauch – das muss Liebe sein.......................29
1.4 Die Macht der Situation im Alltag nutzen – Stimuluskontrolle..33
1.5 Priming – Subtile Manipulation..37
2 (Unbewusste) Beeinflussung durch Aussehen.........................43
2.1 Kleider machen Leute?..46
2.2 Rote Kleidung macht Frauen attraktiver...................................48
2.3 Die Macht der Uniform...50
2.4 Die dunkle Seite der Uniform: Deindividuation.......................51
2.5 Wenn Frauen High Heels tragen, liegen Männer ihnen zu Füßen..53
2.6 Stehen Männer wirklich auf roten Lippenstift?........................57
2.7 Frauen mit Tattoos gelten als „schnelle Nummer".....................58
2.8 Blonde Frauen werden im Durchschnitt bevorzugt (zumindest in Frankreich)...59
2.9 „Er ist schwarz, also kriminell... Erschieß ihn, bevor er dich erschießt!"..64

2.10 Wie kann man Vorurteile abbauen? Kontakt und Kooperation 65

2.11 Teamwork - Die Macht der Kooperation..................66

3 Die Macht der Stimme?..................69

3.1 Exkurs: Sprechen Sie ins rechte Ohr!..................74

4 (Unbewusste) Beeinflussung durch Musik..................77

4.1 Musik beeinflusst, wie wir die Welt sehen..................78

4.2 Gute Musik = Gutes Geschäft?..................79

4.3 Wenn wir ein Produkt kaufen, weil es gut zur Musik passt - Die Musical-Fit-Hypothese..................83

4.4 Hilfsbereitschaft steigern und Vorurteile abbauen mit Musik?...87

4.5 Flirten leicht gemacht – dank der richtigen Musik?..................91

4.6 Leistungssteigerung durch Musik?..................93

5 (Unbewusste) Beeinflussung durch Düfte..................97

5.1 Exkurs: Ansteckender Normenverfall..................99

5.2 Duftmarketing – Der Einsatz von Düften in Marketing und Verkauf..................103

5.3 Manipulation durch Düfte im Supermarkt?..................104

5.4 Der Duft der Exklusivität..................106

5.5 Manipulation durch Düfte im Restaurant?..................108

5.6 Gibt es Düfte, die Menschen hilfsbereiter werden lassen?..................110

5.7 Ich kann dich nicht riechen - Wie Gerüche unsere Bewertung anderer Menschen beeinflussen..................115

Lass mich an Dir riechen und ich sage Dir, wer Du bist..................115

Lass mich an Dir riechen und ich sage Dir, ob Du krank bist....116

Lass mich an Dir riechen und ich sage Dir, ob ich Dich mag.....117

5.8 Der süße Duft der Verführung..................119

Einflussreiche Düfte aus der Umgebung - „Es duftet so lieblich." 119
Gibt es körpereigene Duftstoffe, die Frauen „rollig" werden lassen?...............122
Der verführerische Duft der weiblichen Fruchtbarkeit...............123
Der Duft stillender Mütter – Ein Aphrodisiakum für Frauen?...125
„Knoblauch. Mmmh!"...............126
Pheromon-Partys: „Deine genetische Ausstattung riecht gut!"..127
(Unerwartete) Liebeskiller...............128
Emotionale Ansteckung durch Gerüche?...............130

6 (Unbewusste) Beeinflussung durch Geld...............133

6.1 Mit 10 Cent zu mehr Menschlichkeit?...............134
6.2 Was macht Geld und Luxus mit uns?...............137
1. Geld führt zu unmoralischem Verhalten...............139
Exkurs: Macht Geld glücklich?...............150
Wie sollte man sein Geld ausgeben?...............153
2. Geld erhöht die Leistungsbereitschaft...............157

7 (Unbewusste) Beeinflussung durch Natur...............161

7.1 Natur macht uns sozialer...............162
7.2 Warum Sie immer einen Blumenstrauß dabei haben sollten...164
7.3 Frauen mit Blumen im Haar haben Vorteile...............166
7.4 In der Nähe von Blumen lässt es sich leichter flirten...............168
7.5 Natur und Gesundheit...............172
7.6 Weniger Schmerzmittel durch Natur? - Die heilende Kraft der Natur...............174
7.7 Natur als Koffein-Ersatz? - Natürliches Hirndoping...............176
7.8 Natur gegen die Depression?...............180

8 (Unbewusste) Beeinflussung durch Wetter...............183

8.1 Flirten bei Sonnenschein..184

8.2 Hilfsbereitschaft bei Sonnenschein...................................186

9 Es ist nicht egal, wo wir uns befinden… - Orte der Hilfsbereitschaft bzw. Kaltherzigkeit..189

9.1 Sind Menschen in New York weniger hilfsbereit?....................190

9.2 Exkurs: Der Zuschauereffekt (Bystander-Effekt).......................193

Persönlichkeit oder Situation? - Warum verhalten sich Menschen antisozial?..196

Wie kann man sich vor dem Zuschauereffekt schützen?.............196

Orte der Hilfsbereitschaft – Gibt es auch innerhalb einer Stadt Unterschiede?...197

10 Big Brother is watching you!...................................201

11 Die etwas andere Zusammenfassung.......................207

11.1 So bringen Sie Ihre Mitmenschen dazu, Ihnen gegenüber hilfsbereiter zu sein..207

11.2 Für Frauen - So liegen Ihnen die Männer zu Füßen.................209

11.3 Für Männer: So klappt's mit dem Date..................................210

11.4 Wie Sie als Kellnerin mehr Trinkgeld erhalten.......................211

Auflösung der Quizfragen...213

Literaturverzeichnis..217

Stichwortverzeichnis...243

Einleitung

Was dieses Buch von anderen Büchern unterscheidet

In vielen Büchern werden Hypothesen leider nur mit Alltagserfahrungen und Anekdoten gestützt. Wie das folgende Beispiel zeigt, können Alltagserfahrungen jedoch leicht zu falschen Überzeugungen führen:

Eine Fußballmannschaft liefert in der ersten Halbzeit eines Spiels eine unterirdische Leistung ab. Zur Halbzeit steht es 0:3. Der Trainer kann in der Halbzeit nicht an sich halten und schreit die Mannschaft in Grund und Boden:

„Ihr seid der letzte Abschaum! Ich bereue den Tag, als ich euer Trainer wurde!"

Wie durch ein Wunder ist das Spiel der Mannschaft in der zweiten Halbzeit etwas besser. Tatsächlich gelingen sogar noch zwei Ehrentreffer und das Spiel endet 2:3.

Der Trainer zieht daraus den Schluss, dass er alles richtig gemacht hat. Er entscheidet sich, in Zukunft bei schlechten Leistungen immer „deutliche Worte" zu finden.

Leider täuscht ihn seine Erfahrung aus mindestens zwei Gründen:

1. Wahrscheinlich ließ die gegnerische Mannschaft in der zweiten Halbzeit etwas nach.

2. Rein statistisch gesehen war es unwahrscheinlich, dass nach einer äußerst schlechten Leistung des eigenen Teams erneut eine extrem schlechte Leistung folgt. Beim Fußball – wie auch

in anderen Sportarten – spielt das Glück eine erhebliche Rolle. Während also ungewöhnlich viele Pässe und Torschüsse in der ersten Halbzeit unglücklicherweise nicht ihr Ziel fanden und man vielleicht den Pfosten traf, ist es unwahrscheinlich, dass sich dieses Pech in der zweiten Halbzeit wiederholt. Zur Verdeutlichung: Sie werfen zehnmal eine Münze und es kommt sensationellerweise zehnmal Kopf. Dann ist es extrem unwahrscheinlich, dass ihnen so etwas zweimal hintereinander passiert.

In der Statistik ist dieses Phänomen als „**Regression zur Mitte**" bekannt.[1]

> **Regression zur Mitte:** Extremwerte tendieren bei einer zweiten Messung zum Mittelwert.

Die einzige Möglichkeit, nicht auf dieses Phänomen hereinzufallen, besteht in der Verwendung von Kontrollbedingungen. Das heißt, der Fußballtrainer müsste in anderen Spielen eine andere Strategie testen. Zum Beispiel könnte er es mit aufmunternden Worten probieren:

„Ok, Leute. In der ersten Halbzeit lief einiges schief. Es war auch Pech dabei. Wenn ihr nochmal Vollgas gebt, können wir erhobenen Hauptes heimfahren. Vielleicht ist sogar noch mehr drin..."

Tatsächlich spricht die psychologische Forschung – in der man natürlich Kontrollbedingungen verwendet – dafür, dass aufmunternde Worte und Verstärkung des erwünschten Verhaltens auf lange Sicht mit höherer Wahrscheinlichkeit zum Ziel führen als Beleidigungen oder Bestrafungen. Trotzdem sind immer noch einige Trainer und

---

[1] Ein Erklärungsvideo zum Thema „Regression zur Mitte" finden Sie auch auf dem Youtube-Kanal von psychologie-lernen.de.

Manager davon überzeugt, dass es hilft, bei schlechten Leistungen die Mannschaft „zusammenzuscheißen".

Da Alltagserfahrungen also trügerisch sein können, lohnt sich der Blick in die Forschung. Leider sind die meisten Studien für den Normalbürger schwer aufzufinden und nicht einfach zu verstehen. Daher schlagen sogar manche Wissenschaftler lieber in Büchern nach, anstatt die Originalstudien zu lesen. Dies führt leider immer wieder zu Übertragungsfehlern, wie man sie von dem Kinderspiel „stille Post" kennt (siehe z.B. Kapitel 6.1).[2]

Was dieses Buch also von anderen Büchern unterscheidet, ist, dass alle genannten Studienergebnisse aus den Original-Journal-Artikeln stammen. So kann der Leser in jedem Kapitel eine exakte Darstellung der Effektgrößen finden (zum Beispiel: Kontrollgruppe 5% versus Experimentalgruppe 20%).

Was Sie in diesem Buch erwartet

Während im Buch „Neue Psychologie der Beeinflussung" der Fokus auf Beeinflussungstechniken lag, die vor allem in Face-to-Face-Situationen zum Einsatz kommen (z.B. Foot-in-the-door-Technik), geht es in diesem Buch um situative Einflussfaktoren:

- ➤ Wie lassen wir uns durch **Musik** beeinflussen?
- ➤ Wozu können uns bestimmte **Düfte** verleiten?
- ➤ Wie stark lassen wir uns vom **Aussehen** einer Person beeinflussen?
- ➤ Wie groß ist die Macht der **Stimme**?
- ➤ Welchen Einfluss hat das **Wetter** auf unser Verhalten?

---

[2] Ärgerlicherweise halten viele Menschen Bücher für hochwertiger als Studien. Dabei wird in Büchern meist nur abgeschrieben, was ursprünglich in Studien publiziert wurde.

➤ Was machen **Geld** und **Luxus** mit uns?

➤ Was passiert, wenn wir in wunderschöne **Naturlandschaften** eintauchen?

➤ ...

Viele dieser Umgebungseinflüsse sind in unserem Alltag omnipräsent und wir sind ihnen permanent ausgesetzt. Daher sind schon kleine Effekte äußerst relevant. Wenn also eine weltweit agierende Kaufhauskette wie Wal-Mart mit ca. 100.000.000 Kunden pro Woche durch das Versprühen eines bestimmten Dufts pro Kunde durchschnittlich nur einen Euro mehr Umsatz machen würde, ergäbe sich dadurch eine jährliche Umsatzsteigerung von 5,2 Milliarden Euro!

Aber Düfte und andere Umgebungsaspekte beeinflussen menschliches Verhalten nicht nur beim **Geldausgeben**. Sie können Menschen auch dazu bringen, **egoistisch** oder **hilfsbereit** zu sein. Sie können unsere (kognitive) **Leistungsfähigkeit** beeinflussen. Und auch in **Liebesangelegenheiten** kommt es häufig auf die richtige Atmosphäre an.

Natürlich hat ein jeder von uns eine einzigartige Persönlichkeit. Wie die Forschung jedoch zeigt, sollten wir die **Macht der Situation** niemals unterschätzen.

Da es sich im Großen und Ganzen um relativ unzusammenhängende Themenkomplexe handelt, muss sich der Leser nicht vom ersten zum letzten Kapitel „durchkämpfen", sondern kann – je nach Lust und Laune – überall ins Buch einsteigen. Zur besseren Übersicht wurde folgendes Schaubild erstellt. Welches Thema interessiert Sie am meisten?

Vorsicht vor dem „Das-war-doch-klar"-Effekt (hindsight bias)!

Erzählt man Menschen von den Ergebnissen psychologischer Forschung, erhält man häufig folgende Reaktion:

„Ach. Das hätte ich dir auch sagen können. Dafür hätte es doch keine Studie gebraucht."

Aber schauen wir uns ein Beispiel aus der Forschung an: Mal angenommen, Sie finden eine andere Person attraktiv. Welche Strategie ist dann geschickter, um sich für den potentiellen Traumpartner interessant zu machen.

    1. Sie machen sich rar und zeigen sich nur ganz selten.

    2. Sie sorgen dafür, dass Sie der anderen Person immer mal wieder zufällig über den Weg laufen.

Vielleicht haben Sie schon vermutet, dass Strategie 1 (sich rar machen) deutlich besser funktioniert. Denken Sie an eigene Erfahrungen. Sind da nicht viele Beispiele, in denen Menschen besonders sympathisch wurden, nachdem sie nur noch selten auf der Bildfläche erschienen?

Was ist jedoch, wenn ich Ihnen sage, dass es eigentlich genau umgekehrt ist und es sehr viele Studien gibt, die dafür sprechen, dass mit jeder Begegnung Ihre Chance steigt, bei Ihrem Traumpartner zu landen (z.B. Moreland & Beach, 1992)? Tatsächlich handelt es sich sogar um einen der am besten erforschten Effekte in der Psychologie:

Effekt der bloßen Darbietung (mere exposure effect):
Je häufiger wir einem Stimulus ausgesetzt sind, desto sympathischer wird er uns.

Einleitung

Nachdem Sie jetzt gehört haben, wie es sich wirklich verhält, gräbt Ihr Gehirn womöglich Erinnerungen aus, die für den Effekt der bloßen Darbietung sprechen. Sie denken vielleicht an Menschen, die Ihnen im Laufe der Zeit sympathischer wurden oder Sie denken vielleicht an Lieder, die beim ersten Hören von Ihnen als relativ langweilig abgetan wurden. Nachdem der Song aber häufig im Radio gespielt wurde, fanden Sie ihn auf einmal gar nicht mehr so schlecht.

Sobald wir hören, wie etwas wirklich ist, erzeugt unser Gehirn Informationen, um dieses Ergebnis zu erklären. Leider führt dies häufig zum sogenannten Rückschaufehler (hindsight bias; Blank, 2007). Sobald Sie über ein Ergebnis aufgeklärt werden, sind Sie der Meinung, dieses Ergebnis sei erwartbar gewesen. Im Alltag kennt man dies von Investment-Bankern, die nach einem Börsen-Crash behaupten, sie hätten schon lange damit gerechnet. Auch nach politischen Wahlen sagen viele: „Das war klar, dass der/die gewinnt!". Vor der Wahl waren sich die gleichen Leute aber keineswegs so sicher.

Um diesem Rückschaufehler ein wenig entgegenzuwirken, finden Sie zu Beginn jeden Kapitels kurze Quizfragen, mit denen Sie die Probe machen können, welche Ergebnisse für sie tatsächlich vorhersehbar waren.[3]

---

3 Tatsächlich wird in vielen Wissenschafts-Büchern – und auch in diesem Buch – zum Großteil Forschung präsentiert, die „funktioniert". Wer tiefer in die psychologische Forschung eintaucht, wird sich wundern, wie viele – zum Teil äußerst plausibel klingende Hypothesen – einer experimentellen Überprüfung nicht standhalten.

1
Die Macht der Situation
–
Von den Klassiker-Studien bis heute

<u>Quizfrage:</u> Wie viel Prozent der Menschen, würden einer anderen Person (mit Herzproblemen) einen lebensgefährlichen Elektroschock verpassen, nur weil ihnen ein (vermeintlicher) Wissenschaftler einredet, dass dies für das Experiment erforderlich sei?

a) 0,5%

b) 8%

c) 23%

d) 63%

(Auflösung Seite 213)

1.1 Wie wir uns durch andere beeinflussen lassen

Beginnen wir mit einem kleinen wahrnehmungspsychologischen Experiment. Welche der rechten Vergleichslinien in Abbildung 1.1 ist genauso lang wie die linke „Standardlinie"?

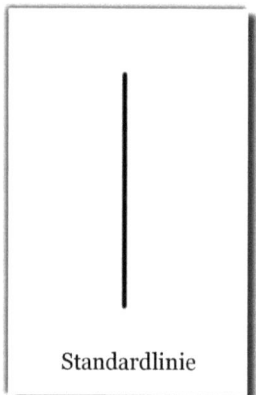 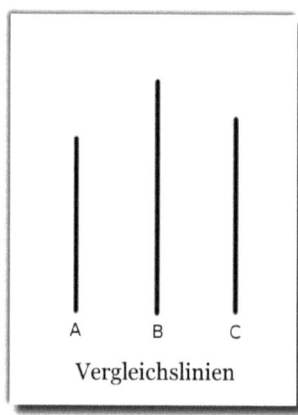

Abbildung 1.1 Welche der rechten Linien ist so lang wie die Linie links im Bild?

Wahrscheinlich werden Sie sagen: Was soll der Quatsch? Ganz offensichtlich ist B die richtige Antwort. Und es gibt keine Situation, in der man Sie davon überzeugen könnte, dass C die richtige Antwort sein könnte. Verblüffenderweise bedarf es aber gar nicht viel, Menschen dazu zu bringen, sich für die falsche Antwort zu entscheiden. Man muss nur einige eingeweihte Helfer[4] beauftragen, mit großem Selbstvertrauen für die eindeutig falsche Antwort zu stimmen. Wie sich in einem der berühmtesten Experimente der Psychologie zeigte, führte dies zwar dazu, dass viele Versuchspersonen zunächst mal inne hielten, um noch mal genauer hinzuschauen. Letztlich beugten sich jedoch die Versuchspersonen in sage und schreibe 36,8% der Fälle dem Urteil der Gruppe. Wenn man Versuchspersonen dagegen

---

[4] Schon ab drei absichtlichen Falschaussagen ist mit relativ großen Effektstärken zu rechnen.

ohne Gruppeneinfluss abstimmen ließ, lagen sie nur in 0,7% der Fälle daneben (Asch, 1956)[5].

Der Einfluss anderer Menschen auf unser Verhalten ist häufig viel größer, als wir wahr haben wollen.[6] So ließ sich z.b. zeigen, dass sich die Einstellungen von Bewohnern in Studentenwohnheimen im Laufe der Zeit denen ihrer Nachbarn angleichen (Cullum & Harton, 2007) oder dass Antworten auf kontroverse Fragen viel einheitlicher ausfallen, wenn man sie per Handzeichen abgeben muss und nicht anonym (Stowell et al., 2010). In die Kategorie „kurios" fallen dagegen die Ergebnisse einer Untersuchung von Munger und Harris (1989), in welcher man beobachten konnte, dass 77% der Frauen sich in einer öffentlichen Toilette die Hände wuschen, wenn sie glaubten, es sei noch jemand anwesend. Wenn sie dagegen glaubten, alleine zu sein, achteten lediglich 39% auf ihre Handhygiene.[7]

Insofern ist es vielleicht wirklich besser, wenn Frauen gemeinsam auf die Toilette gehen.

> **Beeinflussung im Alltag**
>
> Häufig wird unsere Tendenz, uns dem Verhalten anderer Menschen anzupassen, gezielt ausgenutzt. So werden in manchen Comedy-Shows oder Theaterstücken Komplizen im Publikum platziert, die übermäßig lachen oder applaudieren. Ähnliches findet man auch im Sport, wenn Fußballvereine die engagiertesten Fans mit Sonder-Aktionen belohnen. Denn nichts ist wertvoller als Fans, die mit ihrer Euphorie andere

---

5 Wenn man die Probanden befragte, weshalb sie die offensichtlich falschen Antworten gegeben hatten, sagten sie zumeist, dass sie nicht aus der Reihe fallen oder sich nicht blamieren wollten. Manch einer glaubte auch, das Opfer einer Wahrnehmungstäuschung zu sein.

6 Interessanterweise hatte Solomon Asch seine Experimente ursprünglich deswegen durchgeführt, um zu beweisen, dass wir uns nicht so leicht von anderen beeinflussen lassen. Seine Studienergebnisse sprachen aber genau für das Gegenteil.

7 Wie es sich bei Männern mit der Handhygiene verhält, wurde in der Studie leider nicht untersucht. Aber vielleicht ist das auch besser so...

anstecken können und so aus einem müden Kick ein hochemotionales, zumindest ein „intensives" Spiel werden lassen.

Im Alltag gibt es aber noch viele weitere Situationen, in denen wir uns manchmal nicht sicher sind, wie wir uns verhalten sollen.

Sollen wir jemandem helfen, der uns auf offener Straße um eine Unterschrift für eine Petition bittet? Sollen wir jemandem, der gerade einen Stapel Blätter verloren hat, beim Aufheben helfen? Wenn Forscher in diesen Szenarien hilfsbereite Komplizen einschleusten, waren auch mehr Probanden bereit zu helfen (Begin, 1978; Solomon & Grota, 1976).

Natürlich kann man uns auf diese Weise auch dazu bringen, mehr Geld auszugeben. In einem sehr cleveren Experiment, welches in fünf französischen Bäckereien durchgeführt wurde, beauftragte man Verbündete nach dem Kauf eines Brots 50 Cent in ein Spendenkörbchen mit der Aufschrift „For the Service" hineinzuwerfen (Guéguen, 2007). Würden die nachfolgenden Kunden sich davon beeinflussen lassen und ebenfalls spenden?

Wie sich herausstellte, nahmen sich viele der Kunden ihren Vorgänger zum Vorbild, wodurch im Vergleich zu einer Kontrollbedingung[8]

---

8 In dieser Kontrollbedingung hatte sich der Komplize ebenfalls ein Brot gekauft. Er hatte aber letztlich kein Geld in den Spendenkorb getan.

> eine Verdopplung der durchschnittlichen Spendensumme erzielt wurde (0,65 Euro vs. 0,31 Euro).
> Vielleicht kommt Ihnen dieses Szenario gar nicht so unbekannt vor. Wenn sich andere als spendabel präsentieren, ist es schwer, sich diesem guten Vorbild zu widersetzen. Schließlich möchte man ja nicht als Geizhals dastehen.

1.2 Das Milgram-Experiment – Der Druck der Autorität

Kaum ein anderes Experiment verdeutlicht die Macht der Situation so sehr wie das berühmte Milgram-Experiment:

Stellen Sie sich vor, Sie nähmen an einem Experiment zum Thema „Gedächtnis und Lernen" teil. Als Sie im Versuchslabor ankommen, stellt man Ihnen einen anderen Versuchsteilnehmer vor. Ein netter, leicht übergewichtiger Kerl im Alter von 47 Jahren, der mit Ihnen zusammen an diesem Experiment teilnehmen wird. Als Nächstes teilt Ihnen ein Wissenschaftler mit, dass es darum gehe, wie sich Bestrafung auf das Lernen auswirke. Die „Bestrafung" erfolge mithilfe von Elektroschocks, die von „leicht" (15-60 Volt) über „sehr stark" (195-240 Volt) und „Gefahr - schwerer Schock" (375-420 Volt) bis hin zu einer letzten, nur mit „XXX" bezeichneten Kategorie (435-450 Volt) reichen. Um Ihnen ein Gefühl für die Stärke der Schocks zu geben, verabreicht man Ihnen vorab einen 45 Volt starken Schock, der sich schon als ziemlich schmerzhaft erweist.

Im nächsten Schritt teilt man Ihnen mit, dass nun das Los entscheide, wer von Ihnen beiden in dem Lern-Experiment die Lehrer-Rolle und wer die (schmerzhafte) Schüler-Rolle einnehmen werde. Sie haben Glück! Sie dürfen der Lehrer sein und müssen keine Elektroschocks über sich ergehen lassen. Nun zeigt man Ihnen, wie Ihr Versuchspartner (der Schüler) in einem Nebenzimmer an einem Stuhl festgeschnallt wird und Elektroden an seinem Arm angebracht werden. Dann beginnt das Experiment. Ihre Aufgabe ist es, Wortpaare vorzulesen (blau - Kiste; schön – Tag), welche sich der Schüler einprägen soll. Wann immer er eine falsche Antwort gibt, müssen Sie ihm per Knopfdruck einen Elektroschock verpassen. Sobald die 75 Volt erreicht sind, hören Sie durch die Zimmerwand, dass Ihr Versuchspartner erhebliche Schmerzen hat. Ab 150 Volt bittet er lauthals um den Abbruch des Experiments:

„*Au!! Versuchsleiter! Das reicht! Holen Sie mich hier raus! ... Mein Herz fängt an, mir Probleme zu machen!*"

Spätestens ab diesem Moment beginnen Sie eventuell zu zögern. Vielleicht wenden Sie sich an den mit einem Laborkittel bekleideten Wissenschaftler, der seelenruhig hinter Ihnen im Zimmer sitzt und scheinbar alles protokolliert. Seine Antwort auf Ihre Bedenken fällt kurz und trocken aus:

„*Bitte fahren Sie fort.*"

Auch beim zweiten Nachfragen fällt die Antwort ähnlich wortkarg aus:

„*Das Experiment erfordert, dass Sie weitermachen.*"

Würden Sie dem Befehl des Wissenschaftlers Folge leisten? Die meisten von uns würden diese hypothetische Frage verneinen[9]. Jene Versuchspersonen, die sich aber in der konkreten Situation befanden, beugten sich in 80% der Fälle dem Befehl der Autoritätsperson. Und damit nicht genug: Obwohl die Proteste und Schmerzen des Versuchspartners im weiteren Verlauf des Experiments zunahmen (und dieser letztlich sogar verstummte), zogen 62,5% der Probanden das Experiment bis zum (vermeintlich) lebensgefährlichen 450-Volt-Schock durch (siehe Abbildung 1.2)!

---

9 Wenn man Versuchspersonen den Hergang des Experiments beschrieb, waren sie davon überzeugt, dass nur 1% der Menschen die höchste Elektroschock-Stufe (450 Volt) verabreichen würde. Tatsächlich waren es aber unglaubliche 62,5%. Der Einfluss des situativen Drucks wurde also maßlos unterschätzt.

Die Macht der Situation – Von den Klassiker-Studien bis heute

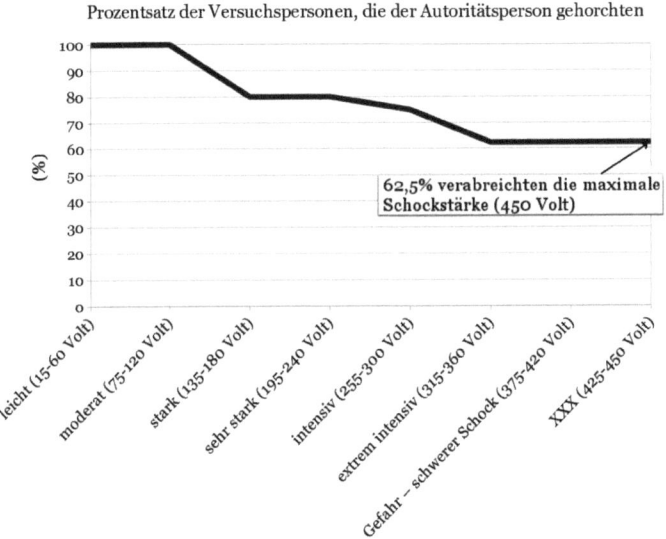

Abbildung 1.2 Basierend auf Daten von: Milgram, S. (1974). Obedience to authority. New York: Harper & Row.

Selbstverständlich war der „Versuchspartner" in Wirklichkeit ein Komplize des Versuchsleiters. Und natürlich war er zu keiner Zeit Elektroschocks ausgesetzt. Alle Schmerzensschreie und jegliches Flehen nach Abbruch des Experiments waren geschauspielert. Obwohl es sich also um ein fingiertes Szenario handelte, war es jedoch für viele Probanden bitterer Ernst. So schildert Milgram (1963) den Fall eines Geschäftsmannes, der lächelnd und selbstsicher das Versuchslabor betrat, aber während des Experiments zu einem zuckenden, stotternden Wrack wurde, das auf einen Nervenzusammenbruch zusteuerte:

Einmal drückte er seine Faust gegen seine Stirn und murmelte: „Oh Gott. Lass uns damit aufhören!" Dennoch fuhr er damit fort, auf jedes Wort des Versuchsleiters zu reagieren und gehorchte bis zum Ende. (Milgram, 1963, S.377)

Milgram führte noch viele Variationen seines Experiments durch.[10] So ließ sich zeigen, dass schon geringfügige Veränderungen des experimentellen Settings zu deutlich abweichenden Ergebnissen führten. Der Anteil der völlig loyalen Probanden reichte von 0% bis 93%. Die Gehorsamkeit der Versuchspersonen hing u.a. von folgenden Faktoren ab:

> **Distanz zwischen Täter und Opfer**: Wenn sich das Opfer im gleichen Zimmer wie der Täter befand, waren „nur" noch 40% der Versuchspersonen bereit, die maximale Schockintensität (450 Volt) zu verabreichen. Wenn das Opfer in Berührungsnähe war und der Täter sogar die Hand des Opfers auf die Elektroschock-Platte führen musste, ging die Einwilligungsrate auf 30% zurück.

> **Glaubwürdigkeit der Autoritätsperson**: Wenn man das Experiment nicht an der renommierten Yale Universität durchführte, sondern in einem heruntergekommenen Gebäude in einer anderen Stadt, leisteten „nur" 48% der Versuchspersonen absoluten Gehorsam. Einen großen Einfluss hatte es auch, wenn man den Versuchsleiter durch einen „Normalbürger" ersetzte. Hierzu sagte der Versuchsleiter, er müsse aufgrund eines wichtigen Termins das Zimmer verlassen. Bevor er ging, übertrug er seine Autorität an eine andere Versuchsperson (in Wirklichkeit ein Assistent des Versuchsleiters). Dieser hatte dann die „Idee", bei jedem Fehler die Schockintensität zu erhöhen. Diesem „unechten" Versuchsleiter folgten nur (oder immer noch) 20% der Probanden.

> **Widerstand von anderen**: In einer Variante des Experiments schleuste Milgram noch zwei Komplizen ein, die

---

10 Insgesamt führte Milgram 20 Experimente mit nahezu 1000 Versuchspersonen durch.

auch als „Lehrer" auftraten. Einer von ihnen sollte die Aufgaben vorlesen, der andere sollte die Antworten des Schülers notieren. Der echte Proband war nur dafür verantwortlich, den Stromstoß zu verpassen. Die Komplizen waren beauftragt worden, sich dem Versuchsleiter zu widersetzen. Der erste weigerte sich bei 150 Volt weiterzumachen. Der zweite stieg bei 210 Volt aus. Die Beobachtung, dass sich die anderen der Autorität widersetzten, erleichterte es den echten Probanden, das Experiment abzubrechen. Nur noch 10% waren bis zum Ende loyal.

Nach dem Mord an Millionen Juden durch die Nazis fragten sich viele Menschen: „Was waren das für Ungeheuer, die bereit waren, auf grausame Weise so viele Menschen zu ermorden?"

Ohne die Betroffenen von ihrer Schuld freisprechen zu wollen, muss man konstatieren: Viele waren aufgrund ihrer Persönlichkeitsstruktur keine mordrünstigen Ungeheuer, sondern wahrscheinlich relativ „normale" Menschen, welche – genau wie die Probanden im Milgram-Experiment – einfach „nur" Befehle ausführten.

Aber im Grunde ist diese Erkenntnis schwieriger zu verdauen, als wenn man weiterhin glauben könnte, dass es sich bei den Tätern ausschließlich um Psychopathen handelte.

Gehorsamkeit gegenüber einem (vermeintlichen) Polizisten

Am 4. April 2004 rief ein Mann in einer McDonalds-Filiale in Mount Washington (Kentucky, USA) an und stellte sich der stellvertretenden Filialleiterin Donna Summers als Kriminalbeamter („Officer Scott") vor. Der „Officer" erklärte ihr, dass eine Mitarbeiterin des Restaurants des Diebstahls verdächtigt werde. Er habe auch schon die Hauptverwaltung von McDonalds und die Managerin ihrer Filiale (deren Name er korrekt nannte) kontaktiert.

Da man aber bei der Polizei aktuell mit wichtigeren Dingen beschäftigt sei, könne man leider keinen Officer in das Restaurant schicken. Stattdessen sei man darauf angewiesen, dass Summers mit der

Polizei kooperiere.

Nach einer kurzen Personenbeschreibung (jung, weiß, klein gebaut, schwarze Haare) war sich Summers sicher: Es musste sich um Louise Ogborn handeln. Eine Mitarbeiterin, die erst kürzlich 18 Jahre alt wurde.

Den Befehlen des Kriminalbeamten gehorchend brachte sie Louise Ogborn in ein kleines Büro und befahl ihr, sich auszuziehen, damit das gestohlene Geld ausfindig gemacht werden könne. Natürlich ließ sich kein Geld finden, denn Louise Ogborn war völlig unschuldig. Dennoch ging das von „Officer Scott" beauftragte „Verhör" und die Leibesvisitation in eine grausame zweite Runde, als der damalige Lebenspartner von Donna Summers hinzugezogen wurde, um auf die verängstigte 18-Jährige aufzupassen. Äußerst bereitwillig leistete er den Aufträgen des Anrufers Folge und zwang Louise Ogborn dazu, mit ihren Fingern ihre Vagina zu spreizen, um sicher gehen zu können, dass sie dort nichts verstecke. Als ob dies noch nicht entwürdigend genug gewesen sei, wurde Louise in der Folge dazu gezwungen, sich auf seinen Schoß zu setzen, ihn zu küssen und schließlich sogar Oral-Sex mit ihm zu haben.

Der Albtraum hatte erst ein Ende, nachdem ein weiterer Angestellter hinzugezogen wurde, um auf Louise aufzupassen. Als dieser sich den Anweisungen des Anrufers widersetzte, begann es auch Donna Summers zu dämmern. Sie kontaktierte ihre Vorgesetzte, zu der „Officer Scott" ja angeblich Kontakt aufgenommen hatte. Da diese von nichts wusste, rief Summers die „echte" Polizei an. Die Polizei traf nach 5 Minuten am Tatort ein…

Nachspiel:

- Louise Ogborn litt in der Folge – verständlicherweise – an einer posttraumatischen Belastungsstörung und erhielt von McDonalds 6,1 Millionen Dollar Schadensersatz. Denn obwohl die Konzernleitung von ähnlichen „Telefonstreichen" in der Vergangenheit wusste, hatte man nichts dagegen unternommen.

> Die stellvertretende Filialleiterin Donna Summers wurde zu einer einjährigen Bewährungsstrafe verurteilt. Ähnlich wie Louise Ogborn verklagte sie aber auch ihren Arbeitgeber McDonalds und erhielt 1,1 Millionen Dollar.
> Der (damalige) Lebensgefährte von Donna Summers wurde zu fünf Jahren Gefängnis verurteilt.
> „Officer Scott": Obwohl man einen Verdächtigen ausfindig machen konnte und die Anrufe nach dessen Festnahme abrissen, wurde dieser letztlich von einem Geschworenengericht freigesprochen.

1.3 Schmetterlinge im Bauch – das muss Liebe sein…

In vielen Filmen und Seifenopern läuft die Liebesbeziehung zwischen Mann und Frau nach folgendem Schema ab:

Phase 1: Frau und Mann können sich zunächst überhaupt nicht ausstehen.

Phase 2: Frau und Mann gehen zusammen durch Dick und Dünn. Häufig entgehen sie dabei nur knapp dem Tod.

Phase 3: Frau und Mann verlieben sich unsterblich ineinander.

Hätten sich die beiden auch dann ineinander verliebt, wenn sie kein gemeinsames Abenteuer erlebt hätten? Schließlich mutet der Gemütswandel von Phase 1 zu Phase 3 wie das Resultat einer perfekten Gehirnwäsche an. Andererseits handelt es sich ja nur um eine fiktive Handlung. Vielleicht passiert so etwas ja nur im Film?

Obwohl uns Hollywood natürlich in vielen Dingen ein äußerst verzerrtes Abbild der Realität präsentiert, scheint sich diesbezüglich ein Funken tieferer Wahrheit in den Drehbüchern wiederzufinden. Dafür spricht u.a. ein klassisches Experiment aus der Sozialpsychologie (Dutton & Aron, 1974). Schauplatz dieses Experiments war die ca. 135 Meter lange Capilano-Hängebrücke in Nord-Vancouver. Diese zuweilen sehr wackelige und im Wind hin und her wankende Hängebrücke mit unangenehm niedrigem Geländer führt in einer Höhe von 65 Metern über eine Schlucht, durch welche sich der Capilano-River schlängelt. Wer diese Hängebrücke überquert, braucht gute Nerven, denn sobald sich mehrere Menschen auf einer Seite des Geländers aufhalten, kann der Eindruck entstehen, die Brücke könne jeden Moment zur Seite kippen und alle auf ihr befindlichen Menschen in die Tiefe stürzen lassen. In dieser angsteinflößenden Umgebung wurden Männer beim Überqueren der Hängebrücke von einer sehr attraktiven Komplizin des Versuchsleiters angesprochen. Angeblich führe sie im Rahmen eines Psychologie-Kurses eine Umfrage durch, um herauszufinden, wie sich landschaftliche Attraktionen auf die Kreativität auswirken. Hierfür zeigte sie den Probanden eine Reihe von Bildern, zu welchen die Männer ihrer Fantasie freien Lauf lassen durften.

Abbildung 1.3 Die Versuchspersonen wurden beim Überqueren einer angsteinflößenden Hängebrücke interviewt.

Im Vergleich zu einer Kontrollgruppe von Männern, welche die Überquerung der Brücke schon seit 10 Minuten hinter sich hatte,[11] hatten die Männer deutlich häufiger sexuelle oder romantische Assoziationen.

Noch interessanter war jedoch die Tatsache, dass die männlichen Probanden, die um ihr Leben gefürchtet hatten, in der Folge deutlich häufiger versuchten, Kontakt zu der attraktiven Psychologie-Studentin aufzunehmen (siehe Abbildung 1.4).

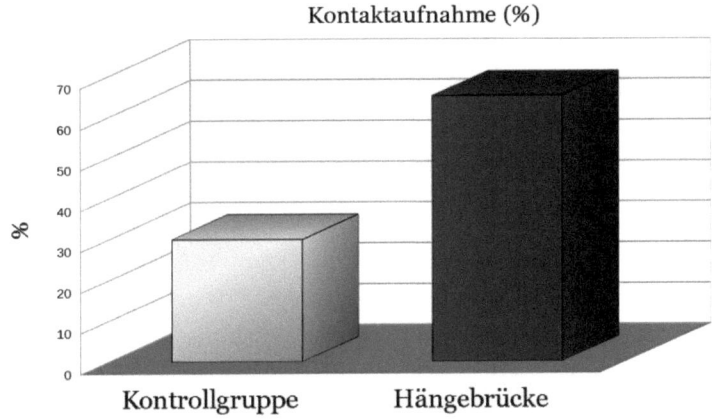

Abbildung 1.4 Basierend auf Daten von: Dutton, D. G., & Aron, A. P. (1974). Some evidence for heightened sexual attraction under conditions of high anxiety. Journal of personality and social psychology, 30(4), 510.

Diese hatte ihnen nämlich am Ende des Interviews ihre Telefonnummer gegeben, für den Fall, dass sie noch irgendwelche Fragen zu dem Experiment hätten. Vermutlich hatten die Männer ihre Angstsymptome (Herzklopfen, flaues Gefühl in der Magengrube) mit den

---

11 In einer Variante des Experiments fungierte eine Gruppe von Männern als Kontrollgruppe, welche unweit von der furchterregenden Hängebrücke den Fluss über eine gut befestigte, nur 10 Meter hohe Holzbrücke überquert hatten. Bei dieser Versuchsanordnung kann allerdings nicht ausgeschlossen werden, ob sich die beiden Gruppen nicht in bestimmten Persönlichkeitsmerkmalen (z.B. Sensation Seeking) unterschieden.

zugegebenermaßen ähnlichen Symptomen des Verliebtseins verwechselt.[12]

Auch wenn die Hängebrückenstudie von Dutton und Aron – wie so viele Meilenstein-Studien – an einer relativ geringen Stichprobengröße kränkelt, so konnten doch etliche Folgestudien zeigen, dass Aufregung unser Gefühl des Verliebtseins anfachen kann. Dabei scheint es relativ egal zu sein, wodurch die Aufregung erzeugt wurde. So ließen sich u.a. Effekte nachweisen, wenn Versuchspersonen sich vor drohenden Elektroschocks fürchteten, einen aufregenden Film schauten, mit der Achterbahn fuhren oder sich einfach nur sportlich betätigten (Cohen, Waugh & Place, 1989; Foster, Witcher, Campbell & Green, 1998; Meston & Frohlich, 2003; Lewandowski & Aron, 2004).

Sollte das erste Date mit der Angebeteten oder dem Angebeteten also ein echter „Cliffhanger" sein? Vielleicht schon. Zumindest ist vom langweiligen Restaurant-Date abzuraten, welches in der Regel nach Schema F abläuft, vergleichsweise teuer ist und in vielen Fällen aufgrund von überzogenen Erwartungshaltungen ohnehin zum Scheitern verurteilt ist.

Aber auch Paare, die schon länger zusammen sind, täten gut daran, mit aufregenden Aktivitäten der Beziehungslangeweile zu entfliehen, um neue Gefühle der Liebe in ihren Partnern zu entfachen. Denn Liebespaare mit aufregender und abwechslungsreicher Freizeitgestaltung sind im Durchschnitt deutlich zufriedener. Dies ließ sich nicht nur durch korrelative Daten zeigen,[13] sondern auch in mehreren Experimenten, in denen man Pärchen entweder banale und wenig fordernde oder neuartige und anstrengende Spielchen

---

12 Ein anderer Erklärungsansatz lautet, dass die erfahrene Aufregung bzw. Erregung unsere Reaktion auf einen Stimulus (z.B. attraktive Frau) verstärkt. Mithilfe dieser Response-Facilitation-Hypothese lässt sich auch erklären, weshalb in manchen Experimenten beobachtet werden konnte, dass wir wenig attraktive Menschen noch „abturnender" finden, wenn wir aufgeregt sind.

durchführen ließ[14]. Jene Pärchen, die etwas Neues und Anstrengendes erlebt hatten, waren in der Folge deutlich zufriedener mit ihrer Beziehung (Aron, Norman, Aron, McKenna & Heyman, 2000).

1.4 Die Macht der Situation im Alltag nutzen – Stimuluskontrolle

Wir leben in einer Zeit mit vielen verlockenden Reizen. Um unseren Konsum zu maximieren, haben Marketingexperten unsere Umwelt so designt, dass uns – ähnlich dem Pawlowschen Hund – sinnbildlich permanent der Speichel im Mund zusammenläuft. Nie zuvor waren die folgenden Stimuli so schnell verfügbar wie in der heutigen Zeit:

- Essen (Fast Food)
- Sex (Pornografie)
- Drogen (Zigaretten, Alkohol, Cannabis etc.)
- soziale Kontakte (soziale Netzwerke)
- Unterhaltung (Fernsehen, Videospiele, Internet)

Natürlich ist es äußerst schwer, das richtige Maß zu finden, wenn das schnelle Glück permanent in Reichweite ist. Dies ließ sich schon

---

13 Korrelative Daten geben nur Auskunft über den Zusammenhang zweier Variablen (z.B.: Je mehr aufregende Erlebnisse, desto zufriedener sind Pärchen mit ihrer Beziehung). Über die Kausalrichtung geben sie jedoch keine Auskunft. Es könnte ja auch so sein, dass Pärchen, die mit ihrer Beziehung unzufrieden sind, deutlich seltener aufregende Erlebnisse haben. Daher braucht es neben korrelativen Daten auch echte Experimente.

14 Zum Beispiel hatte man den Pärchen mit einem Gummiband die Fußgelenke aneinander gebunden. Ihre Aufgabe bestand dann darin, innerhalb von einer Minute – auf allen vieren krabbelnd – ein Kissen in einen Zielbereich zu bringen. Dabei durften sie das Kissen aber nicht mit den Händen anfassen oder mit den Zähnen festhalten. Somit blieb nichts anderes übrig, als es zwischen ihren Körpern oder Köpfen einzuklemmen.

vor Jahrzehnten in moralisch fragwürdigen Tierexperimenten zeigen, in denen man beispielsweise Ratten in eine Situation versetzte, in der sie nur einen Hebel drücken mussten, um sich eine Kokain- bzw. Heroin-Injektion zu verpassen (Bozarth & Wise, 1985). Gelang es den Tieren, sich selbst zu regulieren und der Versuchung zu widerstehen? Keineswegs. Nach nur 30 Tagen waren 36% der Heroin-Ratten und 90% der Kokain-Ratten an den Folgen des Drogenkonsums gestorben.

Die negativen Effekte des Drogenkonsums fielen aber – und auch dies verdeutlicht die enorme Relevanz situativer Faktoren – deutlich geringer aus, wenn man die Versuchstiere in einer angenehmeren Umgebung unterbrachte. Hatten sie nämlich die Möglichkeit, in einem größeren und komfortableren Gehege mit Artgenossen herumzutollen, konsumierten sie deutlich weniger Drogen, als wenn sie in einem kleinen Käfig in Isolationshaft gehalten wurden (Alexander et al., 1981; Bozarth, Murray & Wise, 1989).

Umgebungseinflüsse prägen unser Verhalten und unsere Persönlichkeit. Warum sonst werden Ex-Raucher rückfällig, wenn ihnen der Geruch von qualmenden Zigaretten in die Nase steigt? Warum sonst kommt manch einer von einer Weltreise als „anderer Mensch" zurück?

Schon seit langer Zeit wird diese Erkenntnis im Rahmen der Stimuluskontrolle auch in der Psychotherapie angewendet.

Stimuluskontrolle:
Verhaltenstherapeutische Technik, bei der die für ein Verhalten diskriminativen Hinweisreize so modifiziert werden, dass eine Verhaltensänderung erleichtert wird. Die Kontrolle der diskriminativen Stimulusbedingungen führt demnach zu einer Reduktion des Problemverhaltens; die gezielte Schaffung günstiger Stimulusbedingungen erleichtert den Aufbau neuer Verhaltensweisen.
(Wittchen & Hoyer, 2011, S.1137)

Eine einfache Form der Stimuluskontrolle besteht darin, die verlockenden Stimuli nicht länger in Reichweite aufzubewahren. Es steckt viel Wahrheit in dem alten Sprichwort: Aus den Augen, aus dem Sinn.

- Wer abnehmen will, sollte keine dickmachenden Nahrungsmittel im Haus haben.
- Wer mit dem Rauchen aufhören will, sollte keine Zigaretten im Haus haben.
- Wer die Alkoholsucht überwinden will, sollte keinen Alkohol im Haus haben.
- Wer weniger Lebenszeit vor dem Fernseher vergeuden will, sollte darüber nachdenken, ihn aus der Wohnung zu verbannen.

Muss es denn immer der komplette Verzicht sein? Kann man nicht in Maßen genießen? Manchen Menschen gelingt der gezügelte Konsum. Jenen Menschen, die aber aufgrund ihrer Sucht massiv leiden, gelingt dies in der Regel leider nicht. Vielleicht halten sie 1-2 Wochen – vielleicht sogar Monate – durch. Sobald jedoch äußere Stressfaktoren (z.B. Probleme am Arbeitsplatz oder familiäre Probleme) einen Großteil der mentalen Selbstkontroll-Ressourcen beanspruchen, fällt es schwer, den schnellen „Stimmungs-Wiedergutmachern" zu widerstehen.

Selbstverständlich besteht Stimuluskontrolle nicht nur darin, unerwünschte Stimuli aus dem Sichtfeld zu verbannen. Ebenfalls effektiv kann es sein, erwünschte Stimuli im Umfeld zu platzieren oder aufzusuchen:

- Wer sich gesünder ernähren möchte, sollte die Süßigkeitenschale durch eine Obstschale ersetzen.
- Wer neue Menschen kennen lernen möchte, sollte sich in einem Verein seiner Wahl anmelden.

➤ Wer mit dem Rauchen (oder anderen Drogen) aufhören will, sollte all seinen Freunden davon erzählen und sie um Unterstützung bitten.

➤ Wer konzentriert arbeiten oder lernen möchte, sollte sich ein ruhiges Plätzchen ohne potentielle Ablenkungen suchen.

Den Möglichkeiten der Stimuluskontrolle sind im Alltag kaum Grenzen gesetzt. Egal welches Ziel man verfolgt, die folgende Überlegung lohnt sich fast immer:

Wie kann ich meine Umgebung gestalten, damit sie mich beim Erreichen meines Ziels nicht behindert, sondern unterstützt?

Da wir uns – wie in den Experimenten von Asch und Milgram gesehen – von anderen Menschen besonders stark beeinflussen lassen, kann es sehr hilfreich sein, schwierige Verhaltensveränderungen (wie z.B. mit dem Rauchen aufhören) gemeinsam anzugehen. So ließ sich z.B. zeigen, dass die Erfolgschancen eines Rauchstopps um 67% größer waren, wenn auch der Partner bzw. die Partnerin mitzog (Christakis & Fowler, 2008).

Stimuluskontrolle im Alltag
Eine Vielzahl von Untersuchungen legt nahe, dass Selbstkontrolle eine vergängliche Ressource ist, welche im Laufe eines anstrengenden Tages aufgebraucht wird (Hofmann, Vohs & Baumeister, 2012). Wenn wir mithilfe der Stimuluskontrolle unsere Umgebung vorteilhaft gestalten, können wir schon durch eine einzige Intervention unzählige Gefechte mit dem inneren Schweinehund verhindern.

Eine negative Angewohnheit, die mich noch während meines Studiums sehr genervt hatte, war mein übermäßiger Fernsehkonsum. Viel zu häufig saß ich bis tief in die Nacht hinein vor der Glotze und kam natürlich am darauffolgenden Tag nur schwer aus den Federn. Immer wieder hatte ich mir vorgenommen, meinen TV-Konsum zu zügeln:

Ab heute guckst du nur noch maximal zwei Stunden.

Eine andere Strategie lautete:

Ab heute schaust du nur noch bis maximal 12 Uhr nachts.

Beide Strategien (und viele andere) versagten schon nach wenigen Tagen oder Wochen kläglich.

Als ich nach dem Studium in meine neue Wohnung umzog, entschied ich mich daher bewusst gegen einen Fernseher.

Dies war eine der besten Entscheidungen meines Lebens. Die neu gewonnene Zeit verbringe ich zum Großteil mit Freunden oder mit Lesen. Das „Qualitäts-Fernsehen" mit den Premium-Formaten wie „Dschungel-Camp", „Bauer sucht Frau" oder „Frauentausch" vermisse ich erstaunlicherweise nicht. Nachrichten oder gute Doku-Formate kann man bequem – zu jeder beliebigen Zeit – in den Internet-Mediatheken der entsprechenden Sender schauen.

1.5 Priming – Subtile Manipulation

Hier ist ein kleines Experiment, das Sie mit einem Freund durchführen können. Sagen Sie ihm, er soll die folgenden Fragen so schnell wie möglich beantworten:

- Welche Farbe hat der Schnee?
- Welche Farbe hat die Kreide in der Schule (meistens)?
- Welche Farbe hat ein Eisbär?
- Welche Farbe hat ein Zebrastreifen?
- Welche Farbe hat eine Friedenstaube?
- Was trinkt eine Kuh?

Die Macht der Situation – Von den Klassiker-Studien bis heute

Vielleicht geht es Ihrem Freund genauso wie Bastian Schweinsteiger, der von seinem Mannschaftskameraden Thomas Müller hereingelegt wurde und vor laufender Kamera[15] zu Protokoll gab, dass eine Kuh Milch trinke.[16]

Der Erfolg dieses Scherzes basiert auf einem der interessantesten psychologischen Phänomene, das in den letzten Jahrzehnten zu verblüffenden Erkenntnissen und großen Kontroversen geführt hat: Priming.

> **Priming** (Voraktivierung):
> Häufig unbewusst erfolgende Aktivierung spezieller Assoziationen im Gedächtnis.
> (Myers, 2014, S. 346)

Da die Konzepte „weiß" und „Kuh" in unserem Kopf mit dem Konzept „Milch" assoziiert sind, erhöht die Aktivierung dieser Konzepte die Wahrscheinlichkeit, dass wir auf die Frage „Was trinkt die Kuh?" mit „Milch" antworten.

Auf neuronaler Ebene kann man sich Priming wie ein Vorglühen vorstellen. Sobald unsere „Kuh"-Neuronen aktiviert werden, weil wir an eine Kuh denken, werden auch unsere „Milch"-Neuronen leicht vorgeglüht. Dinge, die in der realen Welt häufig zusammen auftreten, sind aufgrund unserer Erfahrungen auch

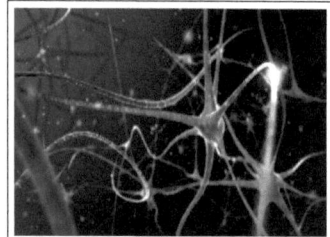
Abbildung 1.5 Beim Priming werden Neuronen benachbarter Konzepte „vorgeglüht".

---

15 Wenn man bei Youtube die Suchbegriffe „Schweinsteiger", „Müller" und „Milch" eingibt, lässt sich das entsprechende Video schnell finden.
16 Es gibt noch viele Varianten dieses Spiels. Sie können Freunden beispielsweise auch die folgenden Fragen stellen:
1. Wie nennt man die Verbindung zwischen Stecker und Radio?
2. Wer wurde in der Bibel von seinem Bruder Kain erschlagen?
3. Womit isst man eine Suppe?

in unserem Gehirn eng miteinander verbunden. Dies macht durchaus Sinn, denn es hilft uns beim schnellen (unbewussten) Denken und beim Begreifen der Welt.[17]

Viele Wissenschaftler gehen heute davon aus, dass durch Priming nicht nur harmlose Wortassoziationsspiele durchgeführt werden können. Priming scheint auch geeignet zu sein – und da kann einem durchaus mulmig werden –, menschliches Verhalten auf subtile Art und Weise zu manipulieren.

Gelingt es beispielsweise durch (subliminales) Priming[18] unser Streben nach Prestige und Anerkennung zu „aktivieren", kann es gut sein, dass wir uns wenig später für den Kauf eines teuren Luxus-Gegenstands entscheiden (Chartrand et al., 2008).

Weitere Beispiele für Verhaltenspriming seien hier nur kurz angerissen:

- Bei französischer Hintergrund-Musik greifen wir im Supermarkt eher zu französischem Wein (North, Hargreaves & McKendrick, 1999; siehe Kapitel 4.3).
- Lässt man Versuchspersonen über das Konzept „Alter" nachdenken, gehen sie in der Folge langsamer (Bargh, Chen & Burrows, 1996; siehe aber z.B. Doyen et al., 2012).
- Lässt man Versuchspersonen an einen Professor denken, schneiden sie in der Folge in einem Wissens-Quiz besser ab (Dijksterhuis & Van Knippenberg, 1998; siehe aber z.B. Shanks et al. 2013).

---

17 In Einzelfällen können aber natürlich voreilige Assoziationen auch zu Fehlurteilen führen. Insbesondere im Zusammenhang mit Stereotypen und Vorurteilen (z.B. Frau = schlecht in Mathe).
18 In dieser Studie (Chartrand et al., 2008) wurde das Prestige-Motiv der Probanden sowohl durch Wortsalat-Priming (siehe Kapitel 6.2) als auch durch subliminale Stimuli aktiviert.

➤ Wenn Frauen in einem Versuchsraum mit Blumen waren, sind sie kurz darauf eher bereit, sich auf ein Date einzulassen (Guéguen, 2011; siehe Kapitel 7.4).

➤ Gibt man Versuchspersonen ein schweres Klemmbrett in die Hand, während sie einen Job-Bewerber bewerten sollen, wird dieser als geeigneter angesehen (Ackerman et al., 2010; siehe aber Ebersole et al., 2016).

Die Effektivität des Verhaltensprimings ist allerdings keineswegs unumstritten. Manche Meilenstein-Studien, in denen man beispielsweise zeigen konnte, dass Versuchspersonen nach einem Priming langsamer liefen (Bargh, Chen & Burrows, 1996) oder scheinbar kurzfristig intelligenter wurden (Dijksterhuis & Van Knippenberg, 1998), konnten von anderen Forschergruppen nicht repliziert werden (z.B. Shanks et al., 2013).

Funktioniert Verhaltenspriming also letztlich doch nicht? Angesichts der unzähligen Publikationen mit positiven Befunden ist dies eher unwahrscheinlich. Womöglich sind die Effekte aber deutlich geringer als zu Beginn angenommen und treten nur in bestimmten Kontexten mit den „richtigen" Versuchspersonen auf. So ist es natürlich aussichtslos, eine Versuchsperson kurzfristig durch die Gedanken an einen Professor intelligenter zu machen, wenn die Versuchsperson Professoren überhaupt nicht für besonders gescheit hält. Insofern muss beim Priming natürlich immer erst überprüft werden, ob die notwendigen Assoziationen im Gedächtnis auch wirklich existieren.

Ich weiß, an welche Zahl Du denkst! – Gedanken lesen durch Priming

Als Psychologe wird man häufig des Gedankenlesens verdächtigt: „Was? Du bist Psychologe? Dann kannst du jetzt bestimmt meine Gedanken lesen oder?"

Natürlich können weder Psychologen noch Mentalisten wie Thorsten Havener oder Derren Brown wirklich Gedanken lesen. Kennt man jedoch die Forschung zum Thema Priming, ist es zumindest möglich, bestimmte Gedanken im Kopf einer anderen Person wahrscheinlicher werden zu lassen.

Dabei ist es aber von enormer Bedeutung, welche Formulierung man verwendet (Kubovy, 1977):

1. Nennen Sie die erste Zahl zwischen 1000 und 9999, die Ihnen in den Kopf kommt.

Fragte man Versuchspersonen auf diese Weise, nannten über 52% eine Zahl, die mit eins begann (z.B. 1457). Ganz anders fielen die Ergebnisse aus, wenn man die Frage anders formulierte:

2. Nennen Sie die erste vierstellige Zahl, die Ihnen in den Kopf kommt.

Obwohl diese Frage inhaltlich völlig identisch ist, nannten bei dieser Formulierung nur noch 24% der Probanden eine Zahl, die mit eins begann. Dafür nannten aber 27% eine Zahl, die mit vier begann (z.B. 4593). Dies waren erheblich mehr als bei der ersten Fragestellung, wo es nur 4% waren.

Durch die Formulierung „Nennen Sie die erste **vier**stellige Zahl..." wird die Zahl Vier in unserem Kopf geprimt. Dadurch ist sie zur Beantwortung der Frage noch verfügbar und wird auch bereitwillig verwendet.

Ähnlich verhält es sich, wenn man jemanden bittet, an eine Zahl zwischen 1 und 10 zu denken. Als guter Gedankenleser sollte man

> dann immer auf die Zahl 7 tippen, da sich immerhin durchschnittlich 28% der Probanden für diese Zahl entscheiden. Formuliert man die Frage jedoch um und sagt: „Nennen Sie die erste **ein**stellige Zahl, die Ihnen in den Kopf kommt." Dann entscheiden sich nur noch 12% für die Sieben. Stattdessen wird nun auf einmal die Eins deutlich häufiger gewählt (18% vs. 2%).

2
(Unbewusste) Beeinflussung durch Aussehen

Quizfrage: *Ein Mann bittet auf offener Straße eine Frau um ihre Telefonnummer, um sie später zu einem Date einzuladen. Wann sind seine Erfolgschancen am größten?*

a) Wenn der Mann einen schwarzen Gitarrenkoffer mit sich trägt?

b) Wenn der Mann eine schwarze Sporttasche dabei hat?

c) Wenn der Mann nichts davon dabei hat?

(Auflösung Seite 213)

Es gehört sicherlich zu den großen Ungerechtigkeiten unseres Daseins, dass manche Menschen mit makelloser Schönheit gesegnet sind und dadurch - ohne etwas leisten zu müssen - enorme Vorteile genießen. So wird schon im Kindesalter hübschen Schülern Fehlverhalten eher verziehen (Dion, 1972), ihre Leistungen werden besser bewertet (Landy & Sigall, 1974)[19] und sowohl in der Jugend als auch im Alter werden schöne Menschen im Durchschnitt als intelligenter eingestuft (Zebrowitz, Hall, Murphy & Rhodes). Die Schönheit einer Person überstrahlt also wie ein Halo den Rest ihrer Persönlichkeit. Dieses Kapitel soll aber über den wohlbekannten „Halo-Effekt" hinausgehen und Forschungsergebnisse zusammenfassen, in denen man durch einfache Veränderungen im Aussehen teilweise enorme Effekte erzielen konnte.

So ließ sich beispielsweise beobachten, dass Kellnerinnen, denen man ein professionelles Make-up verpasst hatte, häufiger von Männern Trinkgeld erhielten (55% vs. 32%), als wenn sie kein Make-up trugen (Guéguen & Jacob, 2011). Ebenso konnten Frauen mit Make-up auch eher damit rechnen, von Männern per Anhalter mitgenommen zu werden (24% vs. 15%; Guéguen & Lamy, 2013) oder von Männern in einer Bar angesprochen zu werden (Guéguen, 2008). Gleiches ließ sich feststellen, wenn man den BH einer jungen Frau von Körbchengröße A bis Körbchengröße C aufpolsterte (siehe Tabelle; Guéguen, 2007a; Guéguen, 2007b)[20].

---

19 Männliche Versuchspersonen sollten die Qualität von Aufsätzen bewerten. Wenn sie glaubten, der Aufsatz sei von einer attraktiven Autorin geschrieben worden, hielten sie ihn für besser.
20 Für viele sind diese Ergebnisse sicherlich nicht überraschend. Verblüffend ist aber die Größe des Effekts. Ein und dieselbe Frau wurde im Nachtclub dreimal häufiger angesprochen, wenn sie C-Körbchen anstelle von A-Körbchen hatte.

(Unbewusste) Beeinflussung durch Aussehen

Brustumfang und Chancen als Frau von einem Mann per Anhalter mitgenommen zu werden		
A-Körbchen	B-Körbchen	C-Körbchen
14,9%	17,8%	24,0%

Brustumfang und Häufigkeit männlicher Kontaktaufnahmen in einem Nachtclub		
A-Körbchen	B-Körbchen	C-Körbchen
13	19	44

Wer an dieser Stelle die Oberflächlichkeit der Männer beklagt, dem sei versichert: Viele Frauen sind auch nicht besser.

Denn während Männer sich bei der Partnerwahl stark auf Äußerlichkeiten konzentrieren, lassen sich Frauen besonders vom sozialen Status eines Mannes beeinflussen. Ließ man beispielsweise einen attraktiven Komplizen aus einem teuren Auto (Audi A5; Wert: 55.000 Euro) aussteigen und eine Passantin um eine Telefonnummer fragen, war die Erfolgsquote dreimal höher, als wenn der selbe Mann aus einem 15 Jahre alten Renault (Wert: 800 Euro) ausstieg (Guéguen & Lamy, 2012)[21].

Wert des Autos und Chance, die Telefonnummer einer Frau zu bekommen		
800 Euro (alter Renault 5 Super Campus)	23.000 Euro (Renault Mégane)	55.000 Euro (Audi A 5)
7,8%	12,8%	23,3%

Dass Frauen aber nicht nur ein Herz für materielle Dinge haben, sondern auch eine romantische Ader besitzen, legen die Ergebnisse eines Feldexperiments mit 300 Frauen im Alter von 18 bis 22 Jahren nahe (Guéguen, Meineri & Fischer-Lokou, 2014). Erneut schickte man einen attraktiven Komplizen auf die Straße, um Frauen um Dates bzw. die Telefonnummer zu bitten. Allerdings führte der Verbündete während des Anmachversuchs entweder einen schwarzen

---

21 Versuchspersonen waren 540 Frauen im Alter von 18-25 Jahren.

Gitarrenkoffer, eine schwarze Sporttasche oder gar nichts (Kontrollgruppe) mit sich. Wen würden die Frauen eher daten wollen? Den Sportler oder den Musiker? Wie man Abbildung 2.1 entnehmen kann, fiel das Ergebnis eindeutig aus: Die Anfrage des (vermeintlichen) Musikers wurde dreimal häufiger akzeptiert als die des Sportlers. Vermutlich löst die Gitarre – ähnlich wie auch Blumen (siehe Kapitel 7.4) – bei den Frauen allerlei romantische Assoziationen aus (Priming). Vielleicht wird einem Mann mit Gitarre aber auch ein interessanteres Sozialleben („Er ist in einer Band!") zugeschrieben als einem Mann mit Sporttasche.

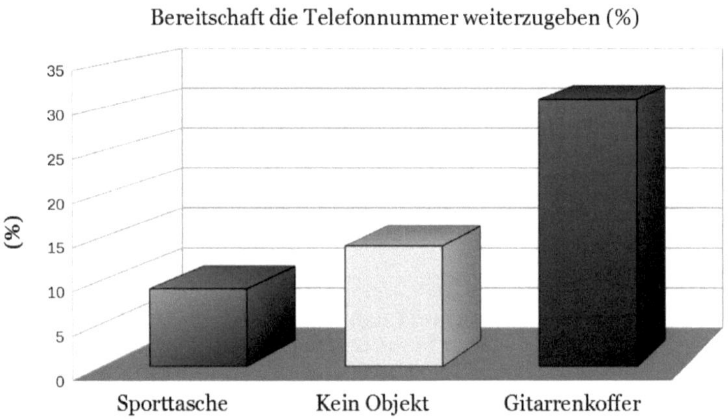

Abbildung 2.1 Basierend auf Daten von: Guéguen, N., Meineri, S., & Fischer-Lokou, J. (2014). Men's music ability and attractiveness to women in a real-life courtship context. Psychology of Music, 42(4), 545-549.

2.1 Kleider machen Leute?

Wenngleich in vielen „Verändern Sie Ihr Leben"-Ratgebern darüber zu lesen ist, wie wichtig doch ein eleganter Kleidungsstil für die Außenwirkung ist, wird in den seltensten Fällen darauf eingegangen, welche Forschungsergebnisse dieser Behauptung zu Grunde liegen und wie groß die Effekte eigentlich sind.

(Unbewusste) Beeinflussung durch Aussehen

Ehrlicherweise muss man sagen, dass gewöhnliche Veränderungen in unserem Kleidungsstil (z.B. Rock anstelle von Hose) wohl kaum mit großartigen Verhaltensveränderungen (z.B. mehr Hilfsbereitschaft) von Seiten unserer Mitmenschen einhergehen (Harris et al., 1983). Wer jedoch ein Make-Over von sehr schludrig zu sehr elegant und nobel durchmacht, wird sich wahrscheinlich wundern, wie freundlich ihm viele Menschen auf einmal gesinnt sind. So ließ man in einer Untersuchung einen Pizza-Boten entweder in normaler, lässiger Kleidung (Jeans, T-Shirt, Sneakers) oder im noblen Business-Anzug die Pizza bei den Kunden ausliefern. Während man ihm in lässiger Kleidung im Durchschnitt nur 3,23 Euro Trinkgeld gab, spendierte man ihm fast doppelt so viel, wenn er einen Anzug trug (6,01 Euro; Jacob & Guéguen, 2014).

Abbildung 2.2 Wer einen noblen Anzug trägt, kann mit mehr Hilfsbereitschaft von seinen Mitmenschen rechnen.

In anderen Experimenten ließ sich beobachten, dass Passanten einem mit Anzug und Krawatte bekleideten Mann deutlich häufiger beim Überqueren einer roten Ampel folgten (siehe Tabelle; Guéguen & Pichot, 2001) oder eher bereit waren, einen Zehntel-Dollar, den sie in einer Telefonzelle gefunden hatten, an den Besitzer zurückzugeben (Bickman, 1971).

Bereitschaft der anderen Person über die rote Ampel zu folgen		
dreckige Kleidung; zerzauste Haare	normale Hose/T-Shirt	Anzug und Krawatte
9,3%	17,9%	54,5%

Sehr bedenklich stimmt allerdings, dass Menschen offenbar aufgrund der Kleidung auch Rückschlüsse auf die Intelligenz einer Person ziehen. Behling und Williams (1991) zeigten 750 Schülern und 159 Lehrern die Bilder einer Schülerin und eines Schülers, welche unterschiedliche Kleidung trugen. Um eine mögliche Störquelle zu beseitigen, hatte man die Gesichter geschwärzt. Wie sich herausstellte, wurden Schüler mit verwaschenen Jeans, T-Shirt und (ungebundenen) Tennisschuhen für weniger intelligent gehalten als stylisch gekleidete Schüler in noblen Anzügen (mit Krawatte)[22].

Letztlich kommt es bei der Auswahl der Kleidung aber nicht nur darauf an, wie nobel und elegant man durch sie wirkt, sondern auch, ob man als Mitglied der Gruppe wahrgenommen wird. In einer in den 70er-Jahren durchgeführten Untersuchung hatte man zwei Hippies (lange Haare, Sandalen, Stirnband) und zwei „Normalos" (kurze Haare, normal gekleidet) losgeschickt, um insgesamt 384 Studenten um einen Zehnteldollar für ein Telefongespräch zu bitten. Wie sich herausstellte, wurde den Hippies von anderen Hippies häufiger geholfen als von Normalos. Das gleiche ließ sich auch umgekehrt beobachten (Emswiller, Deaux & Willits, 1971).

2.2 Rote Kleidung macht Frauen attraktiver...

Rot ist bekanntlich die Farbe der Liebe. Wenn man uns die Aufgabe gibt, ein Zeichen romantischer Verbundenheit zu malen, würden

---

[22] Solche Ergebnisse werfen natürlich die Frage auf, ob es nicht besser wäre, Schuluniformen einzuführen, um negative sich-selbst-erfüllende Prophezeiungen von jenen Schülern abzuwenden, deren Eltern sich keine Nobel-Klamotten leisten können.

wahrscheinlich viele von uns ein rotes Herz malen. Aber wie weit reicht die Symbolkraft der Farbe Rot in unserem Alltag?

Guéguen (2012) ließ 120 Versuchspersonen ein Bild einer Frau bewerten, deren T-Shirt man mit einem Bildbearbeitungsprogramm entweder rot, grün, blau oder weiß eingefärbt hatte. Hatte die Frau ein rotes T-Shirt an, wurde sie nicht nur als attraktiver eingestuft, sondern man unterstellte ihr auch ein erhöhtes sexuelles Interesse. Hierzu passen auch die Ergebnisse einer Untersuchung auf einer Online-Dating-Plattform, in welcher man die Farbe der Kleidungsstücke von 64 Frauen überarbeitet hatte. Wenn die Frauen auf den Profilbildern rote anstelle von schwarzen, weißen, blauen, gelben oder grünen Oberteilen trugen, nahmen mehr Männer Kontakt zu ihnen auf.

Allerdings können sich Frauen die Wirkung der Farbe Rot auf Männer auch in anderen Situationen zunutze machen. So können sie nicht nur darauf hoffen, eher von Männern per Anhalter mitgenommen zu werden (siehe Tabelle; Guéguen, 2012)[23], sondern sie können auch damit rechnen, als Kellnerinnen im Restaurant mehr Trinkgeld zu bekommen (siehe Tabelle; Guéguen & Jacob, 2014)[24].

T-Shirt-Farbe und Chancen als Frau von einem Mann per Anhalter mitgenommen zu werden					
rot	weiß	schwarz	gelb	blau	grün
20,77%	13,98%	12,48%	14,89%	14,11%	13,17%

T-Shirt-Farbe und durschnittliches Trinkgeld (in Euro)					
rot	weiß	schwarz	gelb	blau	grün
1,30 €	1,06 €	0,96 €	1,11 €	1,01 €	0,96 €

---

23 Versuchspersonen waren 4800 Autofahrer.
24 Diese Ergebnisse konnten sich aber nicht immer beobachten lassen (siehe z.B. Lynn, Giebelhausen, Garcia, Li & Patumanon, 2013). Allerdings handelte es sich in dieser Untersuchung um eine hypothetische Situation und keine „echte" Untersuchung im Feld.

In beiden Szenarien hatten die roten T-Shirts übrigens keinen Effekt auf weibliche Versuchspersonen. Somit kann zum Beispiel ausgeschlossen werden, dass die Autofahrer auf die roten T-Shirts einfach eher aufmerksam wurden (Rot gilt ja auch als Signalfarbe). Stattdessen waren wahrscheinlich tatsächlich die romantischen Ambitionen der Männer für die gefundenen Effekte verantwortlich.

2.3 Die Macht der Uniform

Einer der Hauptgründe, weshalb viele Versuchspersonen im Milgram-Experiment dazu gebracht werden konnten, einem wehrlosen Bürger lebensgefährliche Schocks zu verabreichen, war sicherlich der Autorität ausstrahlende graue Labor-Kittel des Versuchsleiters. Wenn man den Versuchsleiter durch einen Normalbürger ohne Labor-Kittel ersetzte, ging der Gehorsam der Versuchspersonen deutlich zurück.

Die „Macht der Uniform" ist mittlerweile gut dokumentiert. Schon im Jahr 1974 verkleidete Bickman Komplizen als Wachmänner und ließ sie Passanten unterschiedliche Aufträge erteilen:

1. Papiertüte: „Heben Sie diese Papiertüte für mich auf!"

2. Parkschein: „Dieser Kamerad (und dabei zeigte er auf einen Komplizen) hat die erlaubte Parkzeit überschritten, aber hat kein Kleingeld. Geben Sie ihm einen Zehnteldollar!"

3. Bushaltestelle: „Wissen Sie nicht, dass Sie auf der anderen Seite des Masts stehen müssen? Das Schild hier besagt „Stehen nicht erlaubt".[25]

---

25 Das „Stehen nicht erlaubt"-Schild bezog sich aber natürlich nicht auf Fußgänger, sondern auf Autos, die nicht an der Bushaltestelle parken sollten. Die Fußgänger wurden also hier vom Komplizen auf den Arm genommen.

In allen drei Szenarien gehorchten die Versuchspersonen dem (vermeintlichen) Wachmann deutlich häufiger als einem Normalbürger (79% vs. 37%).

Selbst wenn es um Herzensangelegenheiten geht, können Uniformen eine magische Wirkung haben. Verkleidete man junge Männer als Feuerwehrmänner, ließ sich nicht nur beobachten, dass Frauen häufiger zurücklächelten oder zurückgrüßten, sondern auch deutlich häufiger bereit waren, dem (vermeintlichen) Feuerwehrmann ihre Telefonnummer zu geben, um sich mit ihm auf einen Drink zu treffen (siehe Abbildung 2.3; Guéguen, 2009).[26]

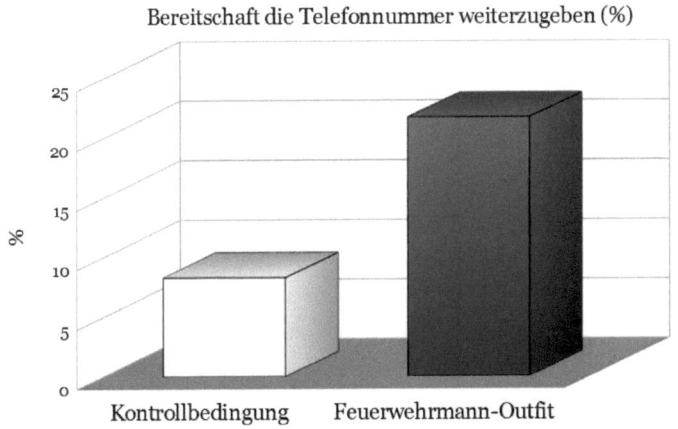

Abbildung 2.3 Basierend auf Daten von: Guéguen, N. (2009). Man's uniform and receptivity of women to courtship request: Three field experiments with a firefighter's uniform. European Journal of Social Sciences, 12(2), 235-240.

2.4 Die dunkle Seite der Uniform: Deindividuation

Wenn beim Militär alle eine Uniform („eine Form") tragen, dann sehen alle fast gleich aus. Dies hat den psychologischen Effekt, dass

---

[26] Versuchspersonen waren 240 Frauen (18-25 Jahre). In der Kontrollbedingung trug der Komplize normale Kleidung (Jeans, T-Shirt, Sneakers).

sich Menschen anonymer fühlen und glauben, weniger für ihr Handeln zur Rechenschaft gezogen werden zu können.

Es ist also kein Wunder, dass einige der grausamsten Handlungen der Menschheitsgeschichte von Gruppen durchgeführt wurden, in denen Menschen mithilfe von Uniformen ihrer Individualität beraubt wurden. Man denke nur an die schrecklichen Gräueltaten der Nazis oder anderer uniformierter Truppen.

Aber auch rassistische Gruppierungen wie z.b. die Anhänger des Ku-Klux-Klans verübten ihre Morde unter dem Deckmantel völliger Uniformität und Anonymität.

Deindividuation:

Ein Zustand, bei dem Personen ihres Gefühls für die individuelle Identität beraubt sind und stärker dazu neigen, sich extrem (oft antisozial) zu verhalten und Normen zu verletzen.
(Stroebe, Jonas & Hewstone, 2013)

Eine Situation, in der man die Folgen der Deindividuation gut untersuchen kann, sind Feierlichkeiten, zu denen Menschen in Verkleidung erscheinen.[27]

In einer klassischen Studie beobachteten Forscher 1352 Kinder, die an Halloween von Haus zu Haus zogen. In insgesamt 27 Häusern wurden die Kinder nicht von Normalbürgern, sondern von einer Forscherin an der Haustür empfangen, die ihnen anbot, *ein* Bonbon aus einer Schale mit Süßigkeiten zu nehmen. Zudem befand sich im Eingangsbereich auch noch eine zweite Schale mit 1-Cent und 5-Cent-Münzen. Unter dem Vorwand, noch arbeiten zu müssen, verließ die Forscherin die Kinder, deren Verhalten daraufhin durch ein Guckloch beobachtet wurde.

---

[27] Manch eine Frau oder manch ein Mann mag sich z.B. ein Tag nach einer Faschingsveranstaltung fragen, warum er/sie bestimmte Dinge (mit einer anderen Person) am Vortag getan hat. Die Anonymität, das Abgelöstfühlen von der eigenen Person (und der Alkohol) lassen uns Dinge tun, die wir unter normalen Umständen nicht getan hätten. Aber manch einer sucht ja auch genau danach.

Konnten die Kinder dieser Versuchung widerstehen und wirklich nur ein Bonbon aus der Schale nehmen?

Wenn die Kinder alleine unterwegs waren, wurden sie deutlich seltener zu Dieben (14%), als wenn sie in der Anonymität einer Gruppe unterwegs waren (37%). Zudem ließ sich eine Reduktion der Diebstahl-Rate erzielen, wenn man die Deindividuation aufhob, indem man die Kinder zu Beginn nach ihrem Namen fragte. Interessanterweise muss Deindividuation jedoch nicht zwingend in antisoziales Verhalten münden. So zeigte sich in Experimenten von Johnson & Downing (1979), dass Frauen, die im Rahmen eines Experiments Krankenschwester-Kittel anziehen sollten, deutlich geringere Schocks an eine andere Versuchsperson verabreichten, als Frauen, denen man Ku-Klux-Klan-Roben zum Anziehen gegeben hatte.[28]

Insofern ist es zwar so, dass wir in einer uniformierten Gruppe einen Teil unserer Individualität und Persönlichkeit abgeben, ob wir dadurch anti-sozialer oder pro-sozialer werden, hängt jedoch maßgeblich von den Normen der Gruppe ab (Postmes & Spears, 1998).

2.5 Wenn Frauen High Heels tragen, liegen Männer ihnen zu Füßen...

Obwohl das Tragen von Stöckelschuhen immer wieder zu Unfällen führt, sehr schmerzhaft sein kann und langfristige Schäden am Fuß verursachen kann (Cronin, Barret & Carty, 2012; Linder & Saltzman, 1998), sind viele Frauen bereit, mit den Risiken zu leben. Ganz getreu dem Motto: „Wer schön sein will, muss leiden!"

---

[28] Um die Frauen nicht misstrauisch werden zu lassen, hatte man ihnen eine Coverstory präsentiert, wonach es für das Experiment sehr wichtig sei, dass sie anonym seien. Als Begründung für die Ku-Klux-Klan-Roben behauptete der Versuchsleiter, er habe die Roben selbst zusammengenäht: „Ich bin nicht wirklich ein guter Schneider. Dieses Ding ist irgendwie Ku-Klux-Klan-artig geworden."

Aber machen Stöckelschuhe wirklich schön? Und wenn ja, wie groß sind die Effekte?

Psychologen gingen diesen Fragen auf den Grund, indem sie Versuchspersonen Profilbilder einer jungen Frau zeigten, auf denen die Frau entweder Stöckelschuhe oder flache Schuhe trug. Da allerdings die Füße der Frau auf den Bildern nicht zu sehen waren, wussten die Probanden nicht, welche Schuhe die Frau anhatte.

Die Ergebnisse waren eindeutig. Mit Stöckelschuhen wirkte nicht nur ihr Hintern schöner, sondern sie wurde auch insgesamt als eleganter, sexuell attraktiver und sogar jünger eingestuft (Guéguen, Stefan & Renault, 2016).

Abbildung 2.4 Frauen mit Stöckelschuhen haben großen Einfluss auf das männliche Gehirn...

Besonders groß sind die Auswirkungen von High Heels auf den Gang einer Frau. Morris und Kollegen (2013) ließen Frauen einmal mit und ohne High Heels laufen und nahmen die Ergebnisse auf Video auf. Sie konnten nicht nur feststellen, dass die High Heels zu mehr Hüftrotation und Neigung des Beckens führten, sondern dass dieser veränderte Gang auch deutlich attraktiver auf Männer wirkte.[29]

---

[29] Man hatte den Männern nur schematische Videos gezeigt, in denen der Gang der Frauen nur anhand von Lichtpunkten zu erkennen war. Dadurch konnte ausgeschlossen werden, dass sich die Männer von anderen Faktoren (z.B. Aussehen der Frau) beeinflussen ließen.

(Unbewusste) Beeinflussung durch Aussehen

Aber lassen sich diese Effekte auch im Alltag beobachten? Haben es Frauen mit Stöckelschuhen einfacher, weil ihnen die Männer zu Füßen liegen?

Guéguen (2015) beauftragte Komplizinnen 360 Passanten um die Teilnahme an einer Umfrage zu bitten. Dabei trugen sie unterschiedliches Schuhwerk:[30]

a) flache Schuhe

b) Schuhe mit 5 cm Absätzen (Medium)

c) Schuhe mit 9 cm Absätzen (High Heels)

Wie sich den Ergebnissen in Abbildung 2.5 entnehmen lässt, hatten die Stöckelschuhe erwartungsgemäß keinerlei Wirkung auf weibliche Versuchspersonen. Bei Männern ließ sich jedoch ein dosisabhängiger Effekt beobachten. Je höher die Absätze waren, desto mehr Männer waren bereit, die Frau bei ihrer Umfrage zu unterstützen.

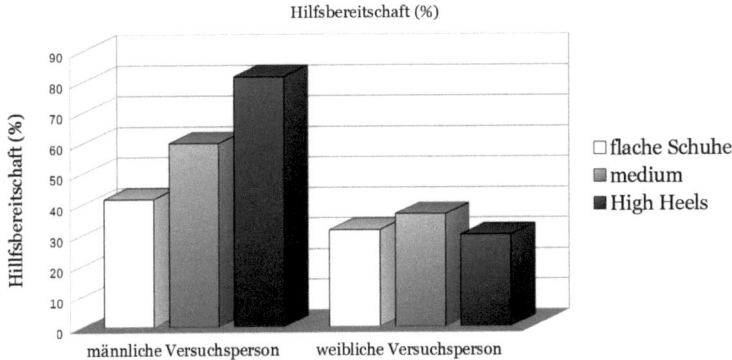

Abbildung 2.5 Basierend auf Daten von: Guéguen, N. (2015). High heels increase women's attractiveness. Archives of sexual behavior, 44(8), 2227-2235.

---

30 Die Farbe der Schuhe war natürlich immer die gleiche und es wurde auch sonst darauf geachtet, dass es keine Unterschiede zwischen den Versuchsbedingungen gibt.

Diese Ergebnisse ließen sich auch in weiteren Feldexperimenten replizieren, in denen eine Komplizin zum Beispiel (scheinbar aus Versehen) einen Handschuh fallen ließ. Je höher die Absätze der Frau waren, desto häufiger waren die Männer zur Stelle, um sie auf ihr Missgeschick hinzuweisen.[31]

Dass viele der Männer wahrscheinlich nicht aus Nächstenliebe, sondern eher „Verliebtheit" handelten, legen die Ergebnisse zweier weiterer Experimente nahe:

1. Stöckelschuhe und Blickkontakt (Guéguen & Stefan, 2015):

Eine Verbündete lächelte auf der Straße Männer an. Wenn sie dabei High-Heels trug, wurde ihr Lächeln deutlich häufiger von den Männern erwidert (56% vs. 30%).

2. Stöckelschuhe und Flirtverhalten (Guéguen, 2015):

Eine Verbündete betrat entweder auf High Heels (mit 5 bzw. 9 cm Absätzen) oder auf flachen Schuhen unterschiedliche Bars und nahm dann an einem der Tische Platz, ohne gezielt Augenkontakt zu Männern zu suchen. Wenn sie High Heels trug und diese auch beim Sitzen zur Schau stellte[32], dauerte es deutlich kürzer, bis ein Mann sie ansprach (z.B. „Hallo, Ich hab dich hier noch nicht gesehen....")

Durchschnittlich verstrichene Zeit bis ein Mann die Frau ansprach (in Minuten)		
flache Schuhe	5 cm Absätze	9 cm Absätze
13:54	11:46	07:49

---

31 Ergebnisse diese Experiments:
- flache Schuhe: 62%
- 5 cm Absätze: 78%
- 9 cm Absätze: 93%

32 Die Komplizin wählte eine Sitzposition, in der ihre Schuhe gut zu sehen waren.

2.6 Stehen Männer wirklich auf roten Lippenstift?

Wenn ich Männer in meinem Bekanntenkreis stichprobenartig befrage, ob sie roten Lippenstift bei einer Frau attraktiv finden, dann gehen die Meinungen auseinander. Manche finden es schlicht und einfach „geil", für andere wirkt dick aufgetragener Lippenstift als „künstlich" oder sogar eklig. Andererseits ist meine Stichprobe ziemlich klein und schon gar nicht repräsentativ..

Zum Glück gibt es schon einige wissenschaftliche Publikationen zum Thema. Allerdings lässt sich konstatieren, dass auch die Forschung hier kein eindeutiges Bild liefert. Während man zum einen feststellte, dass Lippenstift, im Gegensatz zu anderen Veränderungen im Make-up (z.B. an den Augen), nicht zu erhöhter Attraktivität führte (Mulhern et al., 2003), ließ sich jedoch auf der Verhaltensebene beobachten, dass Männer eher auf den roten Lippenstift ansprangen. Wenn man die Kellnerinnen eines Restaurants bat, unterschiedliche Lippenstifte aufzutragen (rot, rosa, braun) oder gänzlich auf Lippenstift zu verzichten, erhielten sie von Männern (aber nicht von Frauen) deutlich mehr Trinkgeld (siehe Tabelle; Guéguen 2012).

Lippenstift und Trinkgeld (in Euro)			
rot	rosa	braun	ohne
1,53 €	1,23 €	1,21 €	1,04 €

Zudem wurden Komplizinnen, die man mit unterschiedlich bemalten Lippen in Bars schickte, häufiger von Männern angesprochen, wenn sie roten Lippenstift aufgetragen hatten (Guéguen & Jacob, 2012). Vielleicht verhält es sich beim roten Lippenstift ähnlich wie bei Tattoos (siehe Folgekapitel). Sie machen Frauen nicht zwingend attraktiver, aber Männer interpretieren sie als Zeichen sexuellen Interesses.

2.7 Frauen mit Tattoos gelten als „schnelle Nummer"

Falls man als Frau auf schnellen, unverbindlichen Sex aus sein sollte, hat man es deutlich leichter als Männer. Als Forscher junge Männer und Frauen beauftragten, Passanten zu fragen, ob sie mit ihnen schlafen würden („Would you go to to bed with me?"), waren nur 1% der Frauen, aber 58% der Männer bereit, darauf einzugehen (Baranowski & Hecht, 2015)[33]. Kurioserweise waren somit mehr Männer bereit, eine Nacht mit einer Frau zu verbringen, als mit ihr auf ein Date zu gehen (37%; „Would you go out with me tonight?").

Eine Möglichkeit, wie Frauen ihre One-Night-Stand-Erfolgschancen noch weiter verbessern könnten, besteht darin, sich ein Tattoo stechen zu lassen. Denn wie sich in einem Experiment mit 440 Männern zeigen ließ, schätzten Männer ihre Chancen, bei einer Frau mit Tattoo[34] zu landen und schon beim ersten Date Sex zu haben, deutlich höher ein. Die Zuversicht, bei dieser Frau gute Karten zu haben, führte in einem zweiten Experiment dazu, dass die Männer Frauen mit Tattoo, die sich am Strand zum Lesen eines Buchs niedergelassen hatten, doppelt so häufig ansprachen, als wenn die gleichen Frauen ohne Tattoo am Strand lagen (Guéguen, 2013).

Tattoos können also die Chancen, von Männern angesprochen zu werden, erhöhen. Aber nicht, weil sie Frauen in den Augen von Männern attraktiver machen, sondern in ihnen die Erwartungshaltung wecken, die Frau führe einen freizügigen Lebensstil und sei leicht zu haben. Dies schlägt sich auch in unserer Umgangssprache nieder: Nicht umsonst spricht manch einer vom „Schlampenstempel".

---

[33] Ähnliches zeigte sich, wenn man die Versuchspersonen auf einen Drink ins Zimmer einlud. Während 57% der Männer einwilligten, waren es bei den Frauen lediglich 18%.

[34] Es handelte sich um ein häufig verwendetes (aufgeklebtes) schmetterlingsartiges Tattoo im unteren Rückenbereich. Im Alltags-Sprachgebrauch würde man wahrscheinlich von einem „Arschgeweih" sprechen.

2.8 Blonde Frauen werden im Durchschnitt bevorzugt (zumindest in Frankreich)

Auf welche Haarfarbe man bei einer Frau (oder bei einem Mann) steht, ist sicherlich Geschmackssache. Und über Geschmäcker sollte man ja bekanntlich nicht streiten. Trotzdem ist es spannend zu schauen, in welche Richtung die Mehrheit tendiert und welche weitreichenden Konsequenzen dies im Alltag haben kann.

Französische Forscher schickten zwölf Frauen mit verschiedenfarbigen Perücken (blond, braun, schwarz, rot)[35] in Nachtclubs, wo sie einfach nur in Richtung der Tanzfläche schauen sollten, um keinen Augenkontakt zu initiieren. Würden die Männer eher Frauen mit blonden oder doch eher braunen oder roten Haaren ansprechen? Wie sich der Tabelle entnehmen lässt, gab es zumindest in diesen französischen Nachtclubs eine klare Präferenz für Blondinen (Guéguen, 2012).

Haarfarbe der Frau und männliche Anmachversuche im Nachtclub			
blond	braun	schwarz	rot
127	84	82	29

Und welche Haarfarbe bevorzugen Frauen bei Männern?

Als man in den selben Nachtclubs vier Männer mit Perücken auf die Pirsch schickte, um 320 Frauen zum Tanzen aufzufordern („Hallo. Mein Name ist Antoine. Würdest du gerne tanzen?"), ließ sich keine statistisch signifikante Präferenz der Frauen für blonde, schwarze oder braune Haare feststellen. Lediglich rote Haare kamen erneut etwas schlechter an (siehe Tabelle).

Haarfarbe des Mannes und Bereitschaft der Frau, mit ihm zu tanzen			
blond	braun	schwarz	rot
27,5%	30,0%	35,0%	13,8%

---

35 Es handelte sich um halb-lange Haar-Perücken, die sich nur in ihrer Farbe unterschieden.

(Unbewusste) Beeinflussung durch Aussehen

Da die starke Vorliebe der Männer für blonde Frauen im Nachtclub-Experiment die französischen Forscher überrascht hatte, führten sie in der Folge eine Reihe weiterer Untersuchungen durch, um herauszufinden, ob Blondinen im Alltag von ihrer Beliebtheit beim männlichen Geschlecht profitieren.

Tatsächlich stellte sich dabei heraus, dass Männer sich deutlich häufiger gegenüber Frauen mit blonden Haaren als Gentleman präsentierten[36]:

1. Verlorener Handschuh (Guéguen, 2012)[37]:

Eine Frau verlor aus Versehen einen Handschuh. Würden die Männer sie darauf aufmerksam machen?

Hilfsbereitschaft der männlichen Passanten (%)		
blond	braun	schwarz
75,5%	59,0%	56,5%

2. Umfrage (Guéguen & Lamy, 2013)[38]:

Passanten wurden gebeten, an einer Umfrage teilzunehmen. Hatte die Haarfarbe der Frau einen Einfluss auf die Teilnahmebereitschaft?

Haarfarbe der Frau und Bereitschaft des Mannes an einer kurzen Umfrage teilzunehmen			
blond	braun	schwarz	rot
69,3%	57,3%	54,0%	36,7%

---

36 Die Haarfarbe wurde in den Experimenten 1-4 mithilfe von Perücken variiert.
37 Versuchspersonen waren 1200 Passanten. Auf Frauen hatte die Haarfarbe der Frau keinen Einfluss.
38 Versuchspersonen waren 1200 Passanten.

3. **Fahren per Anhalter** (Guéguen, & Lamy, 2009)[39]:

Die Frauen standen am Straßenrand und signalisierten mit ausgestrecktem Daumen, dass sie eine Mitfahrgelegenheit suchten. Für Blondinen wurde von männlichen Autofahrern im Durchschnitt etwas häufiger angehalten (19%) als für Frauen mit braunen (14%) oder schwarzen Haaren (13%).

4. **Trinkgeld im Restaurant** (Guéguen, 2012)[40]:

Elf Kellnerinnen trugen bei der Arbeit abwechselnd unterschiedliche Perücken. Mit welcher Haarfarbe ließ sich am meisten Trinkgeld erzielen?

Haarfarbe und Trinkgeld von männlichen Gästen (in Euro)			
blond	braun	schwarz	rot
1,24 €	0,96 €	0,98 €	0,86 €

Unterstützt werden die Ergebnisse von einer Untersuchung von Lynn (2009), in der Kellnerinnen per Online-Umfrage Auskünfte über ihr Aussehen und über ihr erhaltenes Trinkgeld machen sollten. Blonde Haare waren (neben größeren) Brüsten ein Prädiktor für höheres Trinkgeld.

5. **Spendenbereitschaft** (Price, 2008)[41]:

Frauen gingen von Haus zu Haus und baten insgesamt 955 Versuchspersonen um eine Spende. Selbst wenn man die Attraktivität der Fragesteller statistisch kontrollierte, konnte

---

39 Versuchspersonen waren 2400 Autofahrer. Bei so großen Versuchspersonenzahlen werden auch numerisch geringe Unterschiede zwischen Versuchsbedingungen signifikant.
40 Versuchspersonen waren 847 Restaurant-Gäste.
41 Erhöhte Spendenbereitschaft angesichts blonder Bittstellerinnen ließ sich auch in einer Untersuchung von Guéguen (2011) nachweisen.

man feststellen, dass die Wahrscheinlichkeit zu spenden, um 23% erhöht war, wenn die Bittstellerin eine blonde Frau war.

Auch wenn die Beweislast erdrückend scheint, sollte man in Bezug auf diese Forschungsergebnisse doch einige Dinge im Hinterkopf behalten:

a) Die meisten dieser Experimente wurden in Frankreich durchgeführt. Natürlich gibt es aber kulturelle Unterschiede hinsichtlich der Haarfarbe-Präferenz.

b) Die Verwendung von Perücken hat zwar den großen Vorteil, dass man wirklich nur die Haarfarbe ändert und man das restliche Aussehen konstant hält, dennoch könnte es sein, dass z.B. eine rote Perücke zu manchen Gesichtstypen einfach nicht passt.[42]

Nichtsdestotrotz zeigen diese Experimente, dass schon geringe Veränderungen im Aussehen einer Person zu ernst zu nehmenden Konsequenzen im Alltag führen können. Wir alle sollten diese Effekte kennen, um nicht unbewusst andere Menschen aufgrund ihres Aussehens zu benachteiligen.

In vielen Fällen kann es auch zu sich selbst erfüllenden Prophezeiungen kommen. Wenn wir zum Beispiel eine andere Person aufgrund ihres Aussehens für relativ langweilig halten oder sogar für dumm halten, dann hören wir ihr in einem Gespräch vielleicht gar nicht richtig zu. Eventuell schauen wir sogar aus dem Fenster oder gähnen gelangweilt. Da sich durch unsere Passivität aber wohl kaum ein tiefgründiges und spannendes Gespräch entwickelt, werden wir letztlich in unserer Auffassung bestärkt („Wie

---

42 Die mangelnde Passung zwischen Perücke und Typ könnte auch der Grund dafür sein, dass es in einer Studie von Juni und Roth (1985) keinen Unterschied machte, ob die Komplizin eine blonde oder brünette Perücke trug. Zudem war die Stichprobe in dieser Untersuchung vergleichsweise gering.

vermutet, die ist langweilig...").

Schon 1971 (Word, Zanna & Cooper) konnte dieser Mechanismus in einem einflussreichen Experiment nachgewiesen werden: In einem ersten Schritt sollten weiße Studenten ein Job-Interview mit weißen oder afroamerikanischen Bewerbern durchführen. Wie sich herausstellte, verhielten sie sich gegenüber den afroamerikanischen Bewerbern deutlich distanzierter und desinteressierter:

a) Sie saßen deutlich weiter von ihnen entfernt.

b) Sie gerieten häufiger ins Stottern.

c) Sie beendeten das Gespräch deutlich früher.

Wie werden sich die afroamerikanischen Bewerber angesichts dieses Verhaltens wohl gefühlt haben?

In einem zweiten Schritt beauftragte man weiße Studenten, als Interviewer genau diese Verhaltensweisen in einem Job-Interview mit weißen Versuchspersonen an den Tag zu legen. Wenn man die Videos dieser Interviews unabhängigen Bewertern vorlegte, bewerteten die Zuschauer diejenigen Bewerber, die jetzt so behandelt worden waren wie die Afroamerikaner im ersten Experiment, als deutlich nervöser und inkompetenter.

Vereinfacht gesagt: Behandelt man weiße Job-Bewerber auf die gleiche Weise wie Afroamerikaner, schneiden sie ähnlich schlecht ab.

2.9 „Er ist schwarz, also kriminell... Erschieß ihn, bevor er dich erschießt!"

Immer wieder werden die USA von Fällen „weißer" Polizeigewalt gegenüber Afroamerikanern erschüttert. Zu tragischer Bekanntheit gelangte der Fall des westafrikanischen Migranten Amadou Diallo. Als er an einem Februarabend auf den Treppenstufen seines Wohnkomplexes in der südlichen Bronx New Yorks einfach nur frische Luft schnappen wollte, wurde er von einem Polizeibeamten mit einem Vergewaltiger verwechselt, der vor ca. einem Jahr in dieser Gegend sein Unwesen trieb. In Wirklichkeit war Diallo aber noch nicht mal vorbestraft und arbeitete bis spät abends als Straßenverkäufer. Die übrige Zeit verbrachte er damit, sich auf ein mögliches Studium vorzubereiten.

Als sich die Polizisten ihm näherten, griff Diallo in seine Tasche, um seinen Geldbeutel herauszuholen – wahrscheinlich um sich auszuweisen. Die Polizisten vermuteten jedoch, er wollte eine Waffe zücken, und eröffneten das Feuer. Da einer der Polizisten zu allem Überfluss auf der Treppe ausrutschte und nach hinten umkippte, vermuteten die anderen Beamten, Diallo habe das Feuer erwidert, und feuerten insgesamt 41 Schüsse auf den Unschuldigen ab.

Natürlich hätte das Gleiche auch einem weißen Bürger passieren können. Allerdings liegen mittlerweile eine Reihe von Studien vor, die nahelegen, dass gegenüber Afroamerikanern der Finger am Abzug deutlich nervöser ist (Correll, 2002; Correl, 2007; Greenwald, Oakes & Hoffman, 2003).

Wenn man Versuchspersonen im Rahmen eines primitiven Baller-Videospiels Bilder von Weißen oder Afroamerikanern zeigte, die entweder Waffen oder alltägliche Gegenstände (Geldbeutel, Kamera, Handy) in der Hand hatten, dann wurden die Gegenstände in den Händen der Afroamerikaner deutlich häufiger für Waffen gehalten und der unschuldige Afroamerikaner wurde erschossen (siehe Abbildung 2.6).

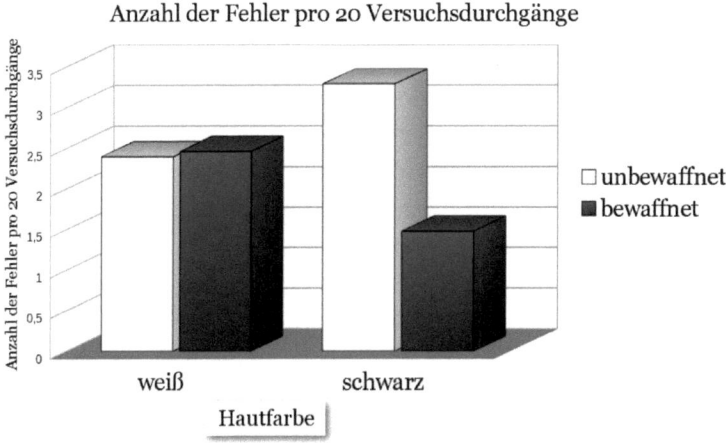

Abbildung 2.6 Basierend auf Daten von: Correll, J., Park, B., Judd, C. M., & Wittenbrink, B. (2002). The police officer's dilemma: using ethnicity to disambiguate potentially threatening individuals. Journal of personality and social psychology, 83(6), 1314.

2.10 Wie kann man Vorurteile abbauen? Kontakt und Kooperation

Ist es nicht erstaunlich, dass fremdenfeindliche Parteien insbesondere in jenen Bundesländern punkten können, in denen es kaum Flüchtlinge oder Ausländer gibt? Man ist fast geneigt zu sagen, dass manche Menschen dort Flüchtlinge wahrscheinlich nur aus dem Fernsehen kennen. Aber genau das ist wohl das Problem. Denn in den Medien dominieren Bilder von Missständen in Flüchtlingslagern oder Horrorszenarien von islamistischen Terroranschlägen. Der „normale" Flüchtling, der verständlicherweise aufgrund des Kulturschocks und der sprachlichen Barrieren eingeschüchtert ist, wird von den meisten Medien links liegen gelassen. Zu langweilig und somit schlecht für die Einschaltquote. Wenn man aber nur dieses mediale Zerrbild präsentiert bekommt und gleichzeitig kaum

Kontakt zu „normalen" Flüchtlingen hat, ist es kaum möglich, Vorurteile wieder zu verlernen.

Dass es möglich ist, durch Kontakte zu den „Anderen" Vorurteile abzubauen, wurde mittlerweile in einer Meta-Analyse mit über 500 Studien und über 250.000 Versuchspersonen nachgewiesen (Pettigrew & Tropp, 2006; Pettigrew & Tropp, 2011). So ließ sich schon 1951 im Rahmen eines sozialen Wohnungsbaus in den USA feststellen, dass in Wohngebäuden, in denen Afroamerikaner und Weiße zusammen untergebracht worden waren, ein positiver Einstellungswandel zu beobachten war (Deutsch & Collins, 1951). Ähnliches zeigte sich auch in einer 2005 publizierten Studie, als man die Vorurteile von Studenten analysierte, die in einer Wohngemeinschaft mit Studenten einer anderen Ethnie gelandet waren (Van Laar, Levin, Sinclair & Sidanius, 2005).

Damit der Abbau von Vorurteilen (besonders gut) funktionieren kann, sollten allerdings folgende Bedingungen erfüllt sein:

1. Beide Gruppen haben ein gemeinsames Ziel (z.B. gelingende Wohngemeinschaft).
2. Der Kontakt zwischen den Gruppen wird durch örtliche Sitten und Gebräuche unterstützt. (Wenn also die Stimmung im Land gegenüber Flüchtlingen „kippt", wird es schwierig).
3. Beide Gruppen haben den gleichen Status. (Dies ist z.B. beim Militär der Fall. Die Vorurteile gegenüber Afroamerikanern gingen deutlich zurück, nachdem sie Seite an Seite mit den Weißen gekämpft hatten.)

2.11 Teamwork - Die Macht der Kooperation

Wie man Menschen zusammenführt, die Vorbehalte gegeneinander haben, bzw. geradezu verfeindet sind, konnte auch in einem einflussreichen Experiment mit 12-jährigen Jungs eines Pfadfinderlagers demonstriert werden (Sherif et al., 1961):

Zunächst wurden die Kinder per Zufall auf zwei Gruppen aufgeteilt („Adler" und „Klapperschlangen"). Jede Gruppe wurde in ihrer eigenen Hütte untergebracht und die Hütten lagen ein gutes Stück voneinander entfernt. Dadurch sollte der Kontakt zwischen den Gruppen erschwert werden.

Um das Team-Gefühl zu stärken, unternahm man mit jeder Gruppe angenehme Aktivitäten wie Schwimmen oder Wandern oder ließ sie an verschiedenen Bauprojekten werkeln.

Nachdem die Gruppen zu verschworenen Gemeinschaften geworden waren, ließen die Forscher sie bei unterschiedlichen Spielen (Football, Baseball, Tauziehen) gegeneinander antreten. Das Siegerteam erhielt einen Preis. Natürlich führte dies – wie im wahren Leben – zu enormer Rivalität, welche letztlich sogar in eine ausgewachsene Schlägerei mündete.

Jetzt galt es aber, die beiden Gruppen wieder miteinander zu versöhnen! Wie wurde das bewerkstelligt?

Die Forscher schufen Situationen, in denen die Kinder gezwungen waren, miteinander zu kooperieren. So inszenierten sie beispielsweise eine Panne des Campinglasters. Um den Laster wieder flott zu machen, mussten Adler und Klapperschlangen beim Hinaufziehen des Lasters auf einen steilen Hügel zusammenarbeiten.

Abbildung 2.7 Das Verfolgen gemeinsamer Ziele kann zusammenschweißen.

Während sie also vorher beim Tauziehen gegeneinander gearbeitet hatten, zogen sie jetzt alle an einem Strang. Sie waren voneinander

(Unbewusste) Beeinflussung durch Aussehen

abhängig und hatten ein gemeinsames Ziel. Diese Intervention führte nicht nur zu einer Verringerung der feindseligen Gefühle gegenüber der anderen Gruppe. Es ließ sich auch beobachten, dass nun mehr Kinder einen engsten Freund aus der anderen Gruppe hatten (siehe Abbildung 2.8).

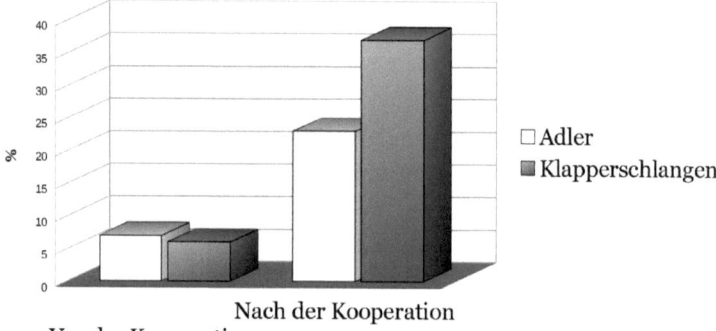

Abbildung 2.8 Basierend auf Daten von: Sherif, M., Harvey, O. J., White, B. J., Hood, W. R., & Sherif, C. W. (1961). Intergroup cooperation and competition: The Robbers Cave experiment.

3
Die Macht der Stimme?

Quizfrage: *Wie viel Prozent unserer Kommunikation ist nonverbal (Stimme, Körpersprache, Mimik)?*

a) 12%

b) 43%

c) 74%

c) 93%

d) Die Frage lässt sich nicht beantworten. Jede Gesprächssituation ist anders.

(Auflösung Seite 213)

Die Macht der Stimme?

93% unserer Kommunikation ist nonverbal!

Kommt Ihnen diese Aussage bekannt vor? In etlichen (schlechten) Rhetorik-Büchern oder Stimmtrainings-Büchern lässt sich der folgende Merksatz finden:

> *Wenn Sie mit anderen Menschen erfolgreich kommunizieren wollen, dann kommt es nur zu 7% auf den Inhalt an. Wie Sie auf ihre Mitmenschen wirken, hängt vielmehr von Ihrer Stimme (38%) und ihrer Körpersprache (55%) ab!*

Doch wie kommen die selbsternannten „Kommunikationsexperten" auf die äußerst verblüffende 7%/38%/55%-Formel? Sie beziehen sich dabei auf uralte, wissenschaftliche Untersuchungen (Mehrabian & Ferris, 1967; Mehrabian & Wiener, 1967), die sie höchstwahrscheinlich nie gelesen haben oder zumindest nicht verstanden haben. Denn ansonsten dürfte es diesen Mythos, dass wir anhand nonverbaler Kommunikation 93% der Informationen erfassen können, sicherlich nicht geben. Man braucht kein Wissenschaftler zu sein, um zu wissen, dass man keine Chance hat, 93% einer Unterhaltung zu erfassen, wenn sich die beiden Akteure in einer fremden Sprache (z.B. chinesisch oder Suaheli) unterhalten. Zudem haben wir auch kein Problem damit, Informationen aus Texten (Bücher, Internet) zu entnehmen, obwohl wir weder Mimik, Gestik oder Stimme des Autors hören.

Aber was ist mit den genannten wissenschaftlichen Studien? Legen diese nicht eindrucksvoll nahe, dass wir uns beim Vorbereiten

Die Macht der Stimme?

auf eine Präsentation viel mehr auf nonverbale Effekthascherei als auf den Inhalt konzentrieren sollten?

Keineswegs. Nein. Überhaupt nicht.

Denn in den besagten Experimenten von Albert Mehrabian sollten Versuchspersonen die Gefühlslage eines Sprechers lediglich anhand eines Wortes erkennen, welches in unterschiedlicher Tonalität gesprochen wurde (negativ, neutral, positiv).

Ja. Sie haben richtig gehört: Anhand eines Wortes! Dass dies keineswegs der Alltagskommunikation entspricht, ist einleuchtend. Ebenfalls einleuchtend ist, dass mit einem Wort keine großen Informationsströme übermittelt werden können.

Wie trivial die Ergebnisse von Mehrabians Experimenten sind, lässt sich an einem Beispiel verdeutlichen:

Stellen Sie sich vor, Ihnen werden von einem Tonband drei verschiedene Varianten des Worts „schrecklich" vorgespielt. Ihre Aufgabe ist es, sich vorzustellen, dass die Sprecherin dieses Wort zu einer anderen Person sagt. Welche Haltung hat die Sprecherin wahrscheinlich gegenüber der Person? Achten Sie dabei auf Ton und Inhalt.

a) „schrecklich" mit negativer Betonung/Stimmung

b) „schrecklich" mit neutraler Betonung/Stimmung

c) „schrecklich" mit positiver Betonung/Stimmung

Wahrscheinlich achten Sie in solch einem Setting in erster Linie auf die Stimme der Sprecherin und weniger auf die Bedeutung des Wortes. Denn womöglich vermuten Sie, dass es nur darum geht, anhand der Stimme auf die Stimmung zurückzuschließen. Kein Wunder, dass am Ende herauskam, dass der Inhalt nur 7% ausmacht.

Zudem hätte man für diese Erkenntnis eigentlich kein Experiment benötigt. Denn jeder weiß, dass mit der richtigen, humorvollen Betonung ein „Ich hasse dich!" oder „Du Arsch!" eher neckisch/liebevoll gemeint sein kann.

Auch Albert Mehrabian hat sich mehrfach verärgert über die katastrophale Missdeutung und Übergeneralisierung seiner Forschungsergebnisse geäußert. Rhetorik-Experten und Kommunikationsexperten, die heute immer noch ernsthaft verbreiten, bei einem Vortrag komme es nur zu 7% auf den Inhalt an und zu 93% auf nonverbale Dinge, sind ganz sicher keine „Experten", sondern Amateure, die ihre Kunden auf eine völlig falsche Fährte locken.

Leider hat die Verbreitung derartiger Mythen („93% der Kommunikation ist nonverbal!") zu einer maßlosen Überschätzung nonverbaler Kommunikationssignale beigetragen[43].

So ließ sich beispielsweise in einer Meta-Analyse zeigen, dass in vielen Studien Probanden nonverbalen Verhaltensweisen eine große Bedeutung zumaßen. Die tatsächlichen Korrelationen zwischen nonverbalem Verhalten (Gestik, Mimik, Stimme) und Hierarchie/Dominanz fiel jedoch deutlich geringer aus (Hall, Coats & Smith LeBeau, 2005). Die Forscher gehen davon aus, dass es sich bei unseren Überzeugungen hinsichtlich der Bedeutsamkeit nonverbaler Verhaltensweisen geradezu um schwer veränderbare Stereotype handelt, welche z.B. durch selektive Wahrnehmung und selektives Erinnern untermauert werden.

Selbstverständlich heißt dies nicht, dass beispielsweise der Klang unserer Stimme im Alltag völlig bedeutungslos ist. Viele Forschungsergebnisse sind jedoch relativ trivial. So ließ sich z.B. beobachten, dass...

---

43 Man denke nur an die unzähligen Ratgeber zum Thema Körpersprache und Stimme/Rhetorik. Selbstverständlich können diese Faktoren durchaus eine Rolle spielen. Sie sind aber meistens eher das Salz in der Suppe und nicht die Suppe selbst. Nichts ist schlimmer als jemand, der krampfhaft versucht, die Vorgaben eines schlechten Rhetorik-Seminars umzusetzen (zu lange Pausen, übertriebene Betonungen, übermäßiges/unechtes Grinsen, absichtlich geänderte Stimme (Mayew, Parsons & Venkatachalam, 2014).

- Frauen tiefe Männerstimmen attraktiver finden (z.B. Feinberg, Jones, Little, Burt & Perrett (2005).
- Menschen mit tiefer Stimme mehr Führungspotential zugeschrieben wird (Klofstad, Anderson & Peters, 2012).
- Männer hohe Frauenstimmen attraktiver finden, insbesondere wenn diese Frau Interesse signalisiert hat (Jones, Feinberg, DeBruine, Little & Vukovic, 2008).
- Menschen anhand der Stimme mit gewisser Wahrscheinlichkeit auf die Machtposition der anderen Person zurückschließen können (Ko, Sadler & Galinsky, 2014).

Während hinsichtlich der Bedeutung anderer Stimmmerkmale noch teilweise widersprüchliche Forschungsergebnisse vorliegen, scheint insbesondere eine tiefe Stimme ein Erfolgsfaktor zu sein. So ließ sich z.B. bei einem Jäger- und Sammlerstamm in Tansania beobachten, dass Männer mit tieferen Stimmen deutlich mehr Kinder hatten. Dieser Zusammenhang blieb auch dann bestehen, wenn man das Alter der Männer statistisch kontrollierte. Bei den Frauen des Stamms war eine tiefe Stimme dagegen nicht mit mehr Kindern verbunden.

Aber auch unser politisches Wahlverhalten könnte zum Teil von der Stimme der Kandidaten beeinflusst sein. Klofstad, Anderson & Peters (2012) spielten Probanden immer wieder ein und denselben Satz vor:

„I urge you to vote for me this November." („Bitte wählen Sie mich im kommenden November.")

Wenn die Forscher die Stimme der Sprecher mit elektronischen Hilfsmitteln tiefer modulierten, wurde die Stimme deutlich häufiger präferiert (ca. 60%), als wenn die Stimme künstlich erhöht wurde (ca. 40%). Ähnliches zeigte sich auch in einer Untersuchung von Tigue, Borak, O'Connor, Schandl & Feinberg (2012), in der man die Stimmen ehemaliger Präsidenten höher oder tiefer klingen ließ.

Am spektakulärsten ist sicherlich die Beobachtung, dass Geschäftsführer besonders großer Firmen ebenfalls eine relativ tiefe Stimme haben. Die Forscher analysierten hierzu die Stimmen von 792 CEOs von aktiennotierten Unternehmen und stellten fest:
Je größer das Unternehmen, desto tiefer war tendenziell die Stimme des Geschäftsführers. Die Größe dieses Effekts beziffern die Wissenschaftler folgenderweise:

> Ein Geschäftsführer mit einer um 22.1 Hertz (Hz) tieferen Stimme, führt ein 440 Millionen Dollar „schwereres" Unternehmen. Darüber hinaus ließ sich auch beobachten, dass Geschäftsführer mit tiefer Stimme deutlich länger ihren Job behielten. Wer eine um 22,1 Hertz tiefere Stimme hatte, blieb ca. 151 Tage länger im Amt.

3.1 Exkurs: Sprechen Sie ins rechte Ohr!

Vielleicht haben Sie schon mal davon gehört, dass man anderen Menschen ins rechte Ohr sprechen sollte, wenn man sie um einen Gefallen bittet. Dieser Tipp basiert auf einer in italienischen Diskotheken durchgeführten Untersuchung der Forscher Marzoli und Tommasi (2009). In einem ersten Experiment hatten die Forscher 284 Interaktionen zwischen den Disko-Besuchern beobachtet. In 72% der Fälle wurde ins rechte Ohr der Zuhörer gesprochen. Bevorzugen Menschen also intuitiv das rechte Ohr, weil es sich hier effektiver kommunizieren lässt?

In einem weiteren Experiment beauftragten die Forscher eine Komplizin, insgesamt 176 Disko-Besucher um eine Zigarette zu bitten. Dabei sollte die Anfrage entweder ins linke oder ins rechte Ohr der Zuhörer gesprochen werden. Wie in Abbildung 3.1 zu sehen ist, lag die Erfolgsquote um 12% höher, wenn man sich dem rechten Ohr zuwandte. Leider muss man jedoch konstatieren, dass bis zum jetzigen Zeitpunkt keine Replikationen dieser Ergebnisse vorliegen.

Es wäre äußerst wünschenswert, die Robustheit dieses Phänomens in einer wesentlich ruhigeren und weniger aufgeheizten Atmosphäre zu testen (z.B. bei einer Straßenumfrage).

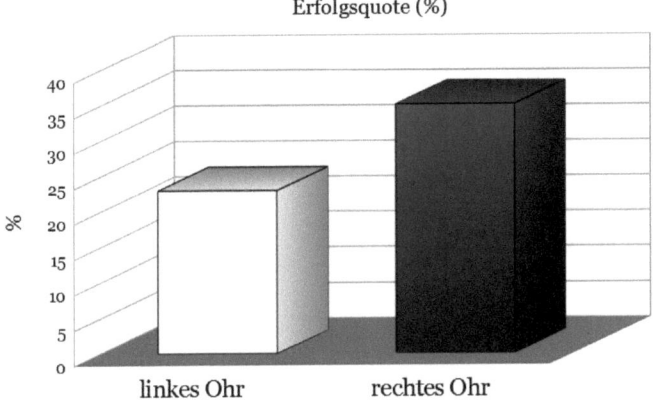

Abbildung 3.1 Basierend auf Daten von: Marzoli, D., & Tommasi, L. (2009). Side biases in humans (Homo sapiens): three ecological studies on hemispheric asymmetries. Naturwissenschaften, 96(9), 1099-1106.

4
(Unbewusste) Beeinflussung durch Musik

Quizfrage: Welche der folgenden Aussagen trifft zu? (Mehrfachnennung möglich)

a) Wenn Menschen langsame und deprimierende Musik hören, trinken sie lieber Eistee als Red Bull.

b) Wenn Menschen im Supermarkt mit französischer Musik beschallt werden, kaufen sie eher französischen Wein.

c) Wenn Menschen schnelle und laute Musik hören, trinken sie weniger, weil sie durch die Musik abgelenkt werden.

d) Wenn Frauen romantische Songs hören, sind sie danach eher bereit, einem Verehrer ihre Telefonnummer zu geben.

(Auflösung Seite 214)

4.1 Musik beeinflusst, wie wir die Welt sehen

Fast jeder hat schon mal einen geradezu magischen Musik-Moment erlebt. Einen Moment, in dem wir uns von der Stimmung unseres Lieblingssongs anstecken lassen und einfach nur treiben lassen. Auf einmal ist es dann so, als ob uns durch den „Gute-Laune"-Song eine rosarote Brille aufgesetzt wurde und wir die Welt nun mit anderen Augen sehen.

Wie viel Wahrheit in dieser subjektiven Beobachtung steckt, konnten Forscher der Universität Groningen (Jolij & Meurs, 2011) in einem Experiment zeigen, indem sie Versuchspersonen unter dem Einfluss ihrer Lieblingsmusik schwer zu erkennende Smiley-Gesichter präsentierten (siehe Abbildung 4.1, linkes Bild). Hörten die Versuchspersonen dabei Lieder, die sie in eine positive Stimmung versetzten, gelang es ihnen deutlich leichter, einen lachenden Smiley zu erkennen. Gleiches ließ sich für die Erkennung von traurigen Smileys beobachten: Wurde traurige Musik gehört, wurden traurige Smileys deutlich besser erkannt.

links: schwer zu erkennendes Smiley-Gesicht (fröhlich)
rechts: Pixelrauschen ohne Smiley-Gesicht

Abbildung 4.1 Basierend auf: Jolij, J., & Meurs, M. (2011). Music alters visual perception. *PLoS One,* 6(4), e18861.

Besonders bemerkenswert waren jedoch die Ergebnisse für Durchgänge, in denen gar kein echter Smiley zu sehen war (siehe Abbildung 6.1, rechtes Bild). Obwohl man die Probanden gebeten hatte, wirklich nur dann zu reagieren, wenn sie ihrer Sache sicher waren, sahen sie unter Einfluss von fröhlicher oder trauriger Musik in vielen Fällen fröhliche oder traurige Gesichter!

Die Musik hatte also zu einer handfesten Sinnestäuschung geführt. Insofern sollten wir vorsichtig sein, mit welcher Musik wir uns tagtäglich beschallen. Hören wir ausschließlich deprimierende oder sogar aggressiv stimmende Musik, führt dies vielleicht dazu, dass wir in der Welt vor allem das Schlechte sehen. Hören wir dagegen erbauliche und positiv stimmende Musik, lässt uns dies vermehrt das Gute in der Welt sehen.

Hat uns der Mann, der gerade an uns vorbeigegangen ist, nicht gerade zugelächelt?

4.2 Gute Musik = Gutes Geschäft?

Mit Musik lässt sich ohne Zweifel hervorragend auf der Klaviatur unserer Gefühle spielen. Aber wie weitreichend sind die Effekte?

Kann der Rausch, den wir empfinden, wenn wir unser Lieblingslied hören, letztlich auch dazu verwendet werden, uns in einen Kaufrausch zu versetzen?

Zunächst dürfte es manch einen Geschäftsinhaber freuen zu hören, dass sich durch Musik wohl zumindest die Verweildauer der Kunden im Geschäft erhöhen lässt (Guéguen, Jacob, Lourel & Le Guellec, 2007). Dies könnte unter anderem darauf zurückzuführen sein, dass Musik unser Zeitgefühl beeinflusst. North und Hargreaves (1999) ließen Versuchspersonen unter einem Vorwand („Ich muss noch ein wichtiges Instrument für das Experiment holen.") auf den Versuchsleiter warten. Wenn im Wartezimmer Musik spielte, waren die Versuchspersonen nicht nur geduldiger, sie unterschätzten ihre tatsächliche Wartezeit auch deutlicher als Versuchspersonen einer Kontrollgruppe, die keine Musik gehört hatten. Es ist also kein Wunder, dass wir in der Warteschleife des Telefon-Supports unseres Internetanbieters mit Musik bei Laune gehalten werden.

(Unbewusste) Beeinflussung durch Musik

Aber welche Musik führt dazu, dass wir mehr Geld ausgeben? Einige Studien (z.B. Areni & Kim, 1993; North, Shilcock & Hargreaves, 2003) sprechen dafür, dass der exklusive Charakter klassischer Musik uns dazu verleiten kann, uns auch mal etwas Besonderes zu gönnen.

So beschallten North et al. (2003) insgesamt 393 Besucher eines vornehmen Restaurants entweder mit klassischer Musik (Vivaldi, Händel etc.) oder mit Pop Musik (Ricky Martin, Britney Spears etc.). An manchen Tagen wurde gar keine Musik gespielt (Kontrollbedingung).

Die Ergebnisse (siehe Abbildung 4.2) sprechen dafür, dass zumindest in diesem Setting die Werke von Vivaldi, Händel & Co. zu größeren Ausgaben verführen als die Songs von Britney Spears und Ricky Martin.

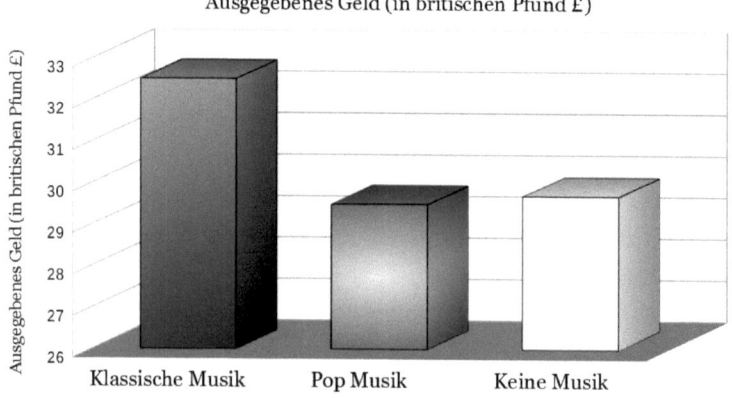

Abbildung 4.2 Basierend auf Daten von: North, A. C., Shilcock, A., & Hargreaves, D. J. (2003). The effect of musical style on restaurant customers' spending. *Environment and behavior, 35*(5), 712-718.

Allerdings wäre es voreilig, daraus den Schluss zu ziehen, klassische Musik führe immer zu mehr Umsatz. Entscheidend scheint nämlich auch das Setting zu sein, in der die Musik zum Einsatz kommt. So verleitet klassische Musik wohl im Restaurant (North et al., 2003) und im Weinkeller (Areni & Kim, 1993) zu größeren Ausgaben. In einer Bar, in der es feucht fröhlich zugeht, könnten jedoch auch einfache Trinklieder den Umsatz steigern (Jacob, 2006). Somit scheint auch entscheidend zu sein, dass die Musik zum Setting und zur Klientel passt (Musical-fit-Hypothese).

Neben der Frage nach dem Musik-Genre stellt sich auch die Frage, welche Auswirkungen es haben kann, wenn an den Reglern herumgespielt wird. Also was passiert, wenn ein und dasselbe Musikstück in a) unterschiedlichem Tempo, b) unterschiedlicher Lautstärke oder c) anderer Tonart (D-Moll anstelle von D-Dur) gespielt wird?

a) Tempo: Zwei kleinere Studien (McElrea & Standing, 1992; Roballey, 1985), in denen die Geschwindigkeit klassischer Musik variiert wurde, deuten darauf hin, dass schnelle Musik auch zu schnellerem Essen und Trinken führt. Erklärt werden die Ergebnisse mit einem höheren Arousal-Level (also einem höheren Grad nervlicher Aktivierung).

Allerdings sind beide Studien aufgrund der geringen Versuchspersonenzahlen eher als Pilotstudien anzusehen. Eine Replikation ist dringend notwendig.

b) Lautstärke: In zwei Studien (Guéguen, Le Guellec & Jacob, 2004; Guéguen, Jacob, Le Guellec, Morineau & Lourel, 2008) ließ sich nachweisen, dass Besucher einer Bar bei höherer Musik-Lautstärke (z.B. 88 dB vs. 72 dB) mehr Drinks bestellten (siehe Abbildung 4.3).

(Unbewusste) Beeinflussung durch Musik

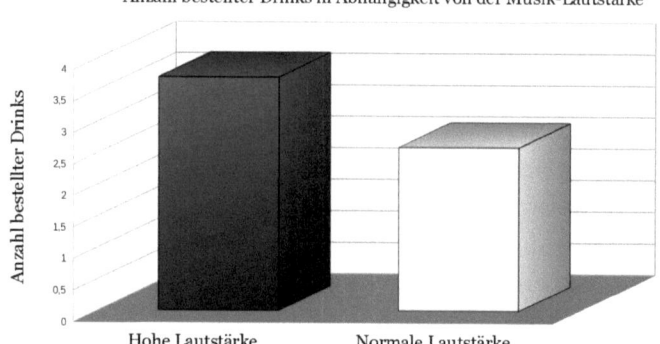

Abbildung 4.3 Basierend auf Daten von: Guéguen, N., Le Guellec & Jacob, C. (2004). Sound level of background music and alcohol consumption: an empirical evaluation. *Perceptual and motor skills*, 99(1), 34-38.

Wenngleich die Autoren die Ergebnisse ebenfalls mit einem erhöhten Arousal-Level erklären, könnte man auch mutmaßen, dass bei erhöhter Lautstärke die Gespräche der Bar-Besucher deutlich erschwert wurden. Was blieb ihnen dann anderes übrig, als immer wieder zum Drink zu greifen?

c) Tonart: In einer Studie der Forscher Di Muro und Murray (2012) wurden sowohl Tempo als auch Tonart einer Klaviersonate von Mozart variiert:

	Positive Stimmung (D-Dur)	Negative Stimmung (D-Moll)
Hohes Tempo (165 beats/min)	D-Dur, 165 beats/min	D-Moll, 165 beats/min
Niedriges Tempo (60 beats/min)	D-Dur, 60 beats/min	D-Moll, 60 beats/min

Ziel der Forscher war es, durch die Musik sowohl das Arousal-Level als auch die Laune der Versuchspersonen zu beeinflussen. Wurde das Musikstück z.B. sehr schnell (165 beats/min) und in D-Dur (klingt fröhlicher als D-Moll) abgespielt, sollten die Probanden dadurch in einen Zustand hoher Energie und guter Laune versetzt werden. Anschließend wurde ihnen ein Fragebogen ausgeteilt, in dem sie u.a. danach gefragt wurden, welches Getränk sie bevorzugen würden: einen Energy-Drink oder einen Eistee.

Es zeigte sich, dass ihre Produktentscheidung maßgeblich davon abhing, in welchen Gefühlszustand sie durch die Musik versetzt worden waren (siehe Abbildung).

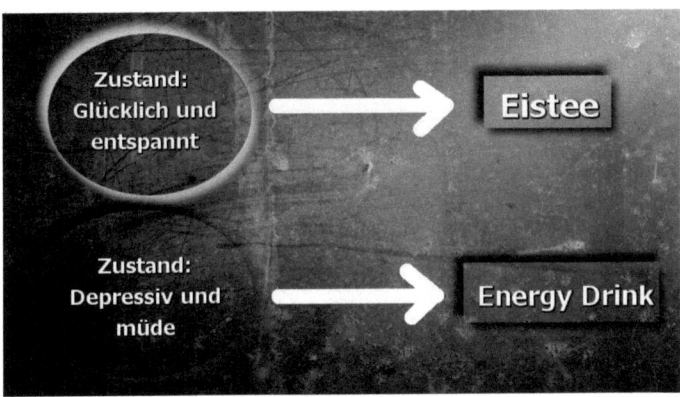

Dabei scheinen wir uns eben nicht immer für jenes Produkt zu entscheiden, das zu unserem aktuellen Gefühlszustand passt, sondern betreiben bei unserer Produktauswahl wohl auch Selbstregulation. Fühlen wir uns – z.B. aufgrund der langsamen Musik in D-Moll, die wir gerade hören – depressiv und müde, greifen wir eher zum Energy-Drink als zum Eistee, da wir uns davon erhoffen, endlich diesem unangenehmen Gefühlszustand zu entfliehen.

4.3 Wenn wir ein Produkt kaufen, weil es gut zur Musik passt - Die Musical-Fit-Hypothese

Stellen Sie sich vor, Sie machen Ihren Wochenendeinkauf im Supermarkt. Da Sie für den nächsten Tag Besuch erwarten, haben Sie sich entschieden, noch eine Flasche Rotwein einzukaufen. Als Sie zum Weinregal kommen, spielt im Hintergrund typische französische Musik (Akkordeon).

Nun haben Sie die Qual der Wahl. Zur Auswahl stehen zwei - laut Etikett völlig identische - Weine (gleicher Preis, gleicher Geschmack). Der einzige Unterschied ist das Herkunftsland der Weine. Einer stammt offensichtlich aus Deutschland (deutsche Flagge), während der andere eindeutig aus Frankreich stammt (französische Flagge):

Wie werden Sie sich entscheiden? Wird Ihr Urteil durch die französische Akkordeon-Musik beeinflusst?

Vorausgesetzt Sie haben keine prinzipielle Abneigung gegenüber französischem Wein, kann es gut sein, dass es Ihnen wie den Versuchspersonen in der Studie von North, Hargreaves und McKendrick (1999) ergeht.

Über einen Zeitraum von zwei Wochen hatten die Forscher in einem englischen Supermarkt entweder typische französische (vorherrschendes Instrument: Akkordeon) oder typisch deutsche Musik (Bierkellermusik; vorherrschende Instrumente: Blasinstrumente) abgespielt.

Die Ergebnisse (siehe Abbildung 4.4) waren wirklich erstaunlich und werden heute als Meilenstein dieses Forschungsgebietes angesehen.

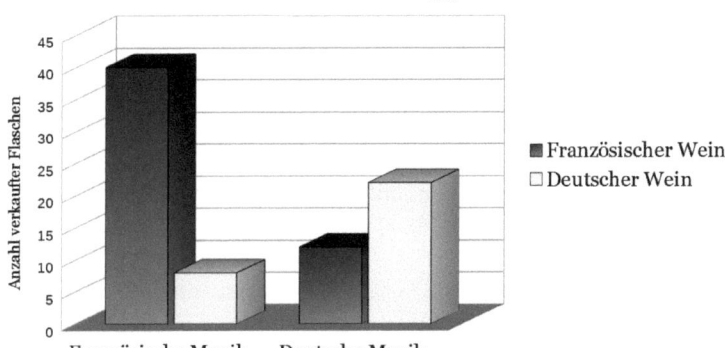

Abbildung 4.4 Basierend auf Daten von: North, A. C., Hargreaves, D. J., & McKendrick, J. (1999). The influence of in-store music on wine selections. *Journal of Applied psychology*, 84(2), 271.

Offenbar hatte die Musik Gehirnregionen voraktiviert (Priming), welche mit der französischen bzw. deutschen Kultur assoziiert sind. Als dann die Entscheidung anstand, welcher Wein denn nun gekauft werden sollte, muss sich die Entscheidung besser angefühlt haben. Es hat wohl einfach besser gepasst. In der Forschung ist daher die Rede von der sogenannte Musical-Fit-Hypothese.

Bleibt die Frage, ob sich die Versuchspersonen der Beeinflussung durch die Musik bewusst waren?

Glücklicherweise konnte ein Teil der Supermarktbesucher für eine kurze Befragung gewonnen werden. Von diesen Probanden gaben lediglich ca. 14% an, ihre Entscheidung sei durch Musik beeinflusst worden. Entweder handelt es sich hier also wirklich um einen weitgehend unbewussten Prozess oder die Mehrheit der Probanden wollte einfach nicht zugeben, dass sie derart einfach zu beeinflussen ist.

Mittlerweile liegen einige indirekte Replikationen dieser Untersuchung vor (z.B. Yeoh & North, 2009; Yeoh & North, 2012; Yeoh & North, 2013).

So konnten beispielsweise Yeoh & North (2013) zeigen, dass sich Versuchspersonen bei klassischer Hintergrundmusik (J.S. Bachs Brandenburg Concerto No. 3 in G-Dur) eher für eine luxuriös aussehende Uhr mit klassischem Ziffernblatt und Lederarmband entschieden. Bei Musik aus dem Genre Funk (Prince; Musicology) entschieden sich jedoch deutlich mehr Versuchspersonen für eine neumodische Uhr aus Kunststoff mit digitaler Zeitanzeige (Ergebnisse siehe Abbildung 4.5).

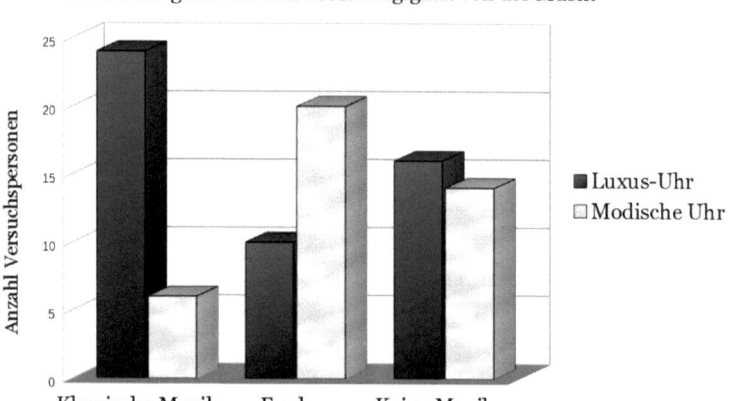

Abbildung 4.5 Basierend auf Daten von: Yeoh, J. P. S., & North, A. (2013). The effects of musical fit on consumers' choice when opportunity and ability is limited. *Pertanika Journal of Social Sciences & Humanities, 21*(1), 105-118.

Interessant ist auch, dass in einem zweiten Experiment der Einfluss der Musik auf die Produktwahl deutlich zurückging, als den Versuchspersonen mehr Zeit für ihre Entscheidung eingeräumt wurde. Während Sie nämlich im ersten Experiment dazu gedrängt wurden, sich binnen 15 Sekunden zu entscheiden, wurde ihnen im zweiten Experiment unbegrenzte Zeit zugestanden. Dies verdeutlicht, dass wir nicht hilflos den Beeinflussungsstrategien ausgesetzt sind, sondern es meistens schon genügt, sich etwas mehr Zeit für eine Entscheidung zu nehmen.

Zudem scheint Musik auch gegen die Macht unserer Gewohnheit nichts ausrichten zu können. In einer Studie von Yeoh & North (2012) zeigte sich, dass Versuchspersonen sich nur dann gemäß der Musical-Fit-Hypothese verhielten, wenn sie noch keine Präferenz für die jeweiligen Produkte hatten.

4.4 Hilfsbereitschaft steigern und Vorurteile abbauen mit Musik?

Forscher interessieren sich zum Glück nicht nur dafür, wie man durch Musik Umsatz und Gewinn steigern kann. Viel wertvoller ist meines Erachtens die Erforschung pro-sozialer Effekte von Musik. Die zugrunde liegende Hypothese ist leicht nachvollziehbar:

Musik kann unsere Stimmung verbessern. Und wenn es uns gut geht, sind wir hilfsbereiter.

Schon 1979 fanden Fried & Berkowitz in einer richtungsweisenden Studie Hinweise auf die Korrektheit dieser Hypothese:

Versuchspersonen, die glaubten, es ginge bei der Studie nur um die Effekte der Musik auf ihre Stimmung, wurden auf folgende Versuchsbedingungen aufgeteilt:

a) wohltuende Musik

b) stimulierende Musik

c) aversive Musik

d) keine Musik

Nachdem sie der Musik gelauscht hatten (bzw. 7 min. ruhig da gesessen hatten) und ein paar Fragen zu ihrer Stimmung beantwortet hatten, dachten sie, das Experiment sei zu Ende. In Wirklichkeit ging das Experiment jetzt erst in die entscheidende Phase. Denn anstatt die Versuchspersonen nach Hause zu entlassen, trug die Versuchsleiterin eine Bitte vor:

„... Mein Professor überhäuft mich momentan wirklich mit extrem viel Arbeit. Dabei müsste ich dringend meine eigene Abschlussarbeit beenden. Dafür bräuchte ich noch ganz dringend Versuchspersonen. Also wenn Sie noch Zeit hätten für ein zweites Experiment... Jede Hilfe zwischen 15 min. und zwei Stunden wäre großartig. Aber fühlen Sie sich auf keinen Fall verpflichtet."

Als Nächstes wurde den Versuchspersonen ein Formular ausgehändigt, auf welchem sie eintragen sollten, ob und für wie viele Minuten sie bereit seien, an dem zweiten Experiment teilzunehmen. Eine durchaus clevere Vorgehensweise, da sich durch die Minutenangabe die Hilfsbereitschaft quantifizieren ließ.

Als Ergebnis zeigte sich (siehe Abbildung 4.6), dass insbesondere jene Versuchspersonen zu helfen bereit waren, die zuvor wohltuende Musik (zwei Stücke aus Mendelssohns „Songs without Words", Opus 19, Nr. 1 in E-Moll und Opus 38, Nr. 4 in A-Dur) gehört hatten.

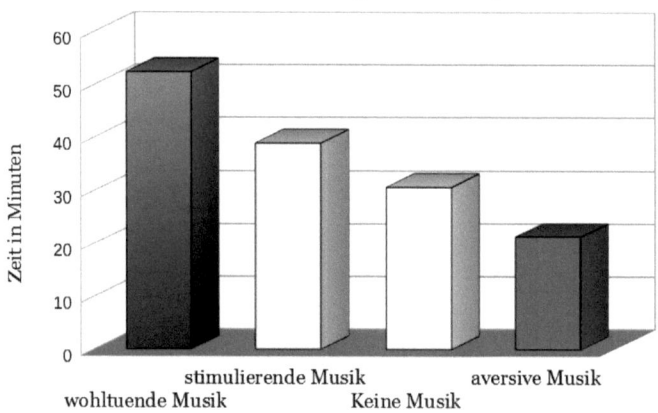

Abbildung 4.6 Basierend auf Daten von: Fried, R., & Berkowitz, L. (1979). Music Hath Charms... And Can Influence Helpfulness. *Journal of Applied Social Psychology, 9*(3), 199-208.

(Unbewusste) Beeinflussung durch Musik

Da man jetzt zu Recht einwenden könnte, dass es sich hier um eine ziemlich künstliche Situation gehandelt hat, da man Musik im Alltag wohl eher nebenbei hört, lohnt sich der Blick auf die Studie von North, Tarrant & Hargreaves (2004):

Insgesamt 646 Besucher zweier Fitnessstudios wurden entweder mit beliebter (Britische Top 20 Musik) oder mit unangenehmer Musik (Avantgarde Computer Musik) beschallt. Kurz vor Verlassen des Studios wurden sie gefragt, ob sie bereit wären, für den guten Zweck Flyer im Namen der BDAA (British Disabled Athletes Association) zu verteilen. Um auch hier wieder das Maß der Hilfsbereitschaft zu quantifizieren, sollten die Versuchspersonen auch angeben, wie viele Flyer sie bereit seien zu verteilen. Wie in Abbildung 4.7 zu sehen ist, waren unter Einfluss der beliebteren Chart-Musik mehr Versuchspersonen bereit zu helfen. Manch einer erklärte sich sogar bereit, 200 oder 250 Flyer zu verteilen.

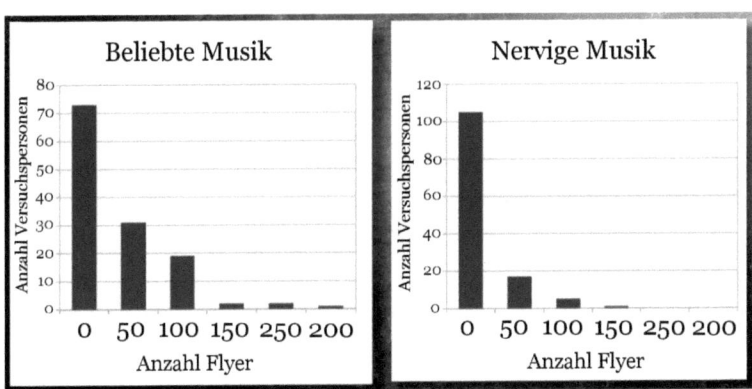

Abbildung 4.7 Basierend auf Daten von: North, A. C., Tarrant, M., & Hargreaves, D. J. (2004). The Effects of Music on Helping Behavior A Field Study. *Environment and Behavior*, 36(2), 266-275.

Sehr interessante neuere Forschungsergebnisse (z.B. Greitemeyer, 2009; Greitemeyer & Schwab, 2014; Jacob, Guéguen & Boulbry,

2010) sprechen dafür, dass auch ein pro-sozialer Songtext (die „Message" des Songs) mitmenschliches Verhalten fördern kann.[44]

So ließ beispielsweise Greitemeyer (2009) Versuchspersonen im Rahmen einer (vermeintlichen) „Marketingstudie zur Untersuchung von Musik-Vorlieben" entweder Lieder mit pro-sozialer Message („Love Generation" von Bob Sinclair; „Kommt zusammen" von 2raumwohnung) oder Lieder mit neutralen Songtexten hören ("Rock this Party" von Bob Sinclair, "Lachen und Weinen" von 2raumwohnung). Nach Beendigung der Studie wurden die Versuchspersonen von einem zweiten Versuchsleiter gefragt, ob sie bereit seien, 2 Euro für eine gemeinnützige Organisation zu spenden. Wer zuvor „Love Generation" oder „Kommt zusammen" gehört hatte, war eher bereit, das Geld zu spenden (53% vs. 31%).

Ein weiteres Experiment von Greitemeyer und Schwab (2014) lässt vermuten, dass Musik sogar Integrationsprobleme lösen könnte. Nachdem Versuchspersonen entweder Integration befürwortende Lieder („5 vor 12" von Die Toten Hosen; „Ebony and Ivory" von Paul McCartney) oder Lieder mit alternativen Songtexten gehört hatten („Verschwende deine Zeit" von Die Toten Hosen; „And I love her" von Paul McCartney), wurden sie in einem zweiten, scheinbar unabhängigen Experiment gefragt, ob sie bereit seien, einer Studentin beim Verteilen von Infoblättern zu helfen. Bei dieser Studentin handelte es sich entweder um eine Landsfrau (Maria Frick) oder um eine Türkin (Derya Gökdal). Hatten die Studenten zuvor neutrale Songs gehört, schien ihr Verhalten von Vorurteilen geprägt zu sein. Denn die Hilfsbereitschaft gegenüber der Türkin war vergleichsweise gering. Hatten sie dagegen zuvor Lieder mit Integration fördernder Message gehört, war die Hilfsbereitschaft gegenüber der Türkin genauso hoch wie gegenüber der Landsfrau.

---

44 Selbstverständlich muss in Vortests mit unabhängigen Bewertern zunächst sichergestellt werden, dass die Vergleichssongs als ähnlich angenehm empfunden werden.

Auch wer im Restaurant als Kellner/-in arbeitet, könnte davon profitieren, wenn der Chef häufiger Lieder mit pro-sozialen Songtexten als Hintergrundmusik auswählen würde. So ließ sich in einem Feldexperiment (Jacob, Guéguen & Boulbry, 2010) mit 786 Besuchern eines französischen Restaurants beobachten, dass bei pro-sozialer Hintergrundmusik im Durchschnitt immerhin 8% mehr Trinkgeld gegeben wurde (1,38 Euro vs. 1,21 Euro).

4.5 Flirten leicht gemacht – dank der richtigen Musik?

Wenn uns Lieder mit pro-sozialer Message hilfsbereiter machen, könnten dann nicht auch Liebeslieder unsere Bereitschaft erhöhen, romantische Annäherungsversuche zu akzeptieren? Um dieser Frage auf den Grund zu gehen, luden die französischen Forscher Guéguen, Jacob und Lamy (2010) insgesamt 87 Single-Studentinnen zu einem Experiment ein, welches folgendermaßen ablief:

Sobald eine Studentin eintraf, wurde ihr mitgeteilt, dass es in dem Experiment darum ginge, zusammen mit einer weiteren Versuchsperson Bioprodukte zu bewerten. Leider wäre aber die zweite Versuchsperson noch nicht eingetroffen, weshalb sich die Studentin noch einen Moment im Nebenzimmer gedulden solle. Bei einer Hälfte der Studentinnen lief während der Wartezeit ein romantischer Song („Je l'aime à mourir" - „Ich könnte sterben vor Liebe"). Die andere Hälfte der Studentinnen hörte einen Song mit neutralem Text („L'heure du thé" - „Teestunde").

Nach drei Minuten öffnete der Versuchsleiter die Tür und sagte. „Die zweite Versuchsperson ist gerade gekommen, wir können also jetzt in den Versuchsraum."

Wie der Zufall es wollte (bzw. wie es die Versuchsleiter arrangiert hatten), handelte es sich bei der zweiten Versuchsperson um einen männlichen Studenten etwa gleichen Alters und mittlerer Attraktivität.[45]

Zusammen sollten die beiden zunächst Kekse ausprobieren, die entweder aus Bio-Zutaten oder aus Zutaten konventioneller Landwirtschaft hergestellt worden waren. Nach kurzer Zeit sagte die Versuchsleiterin jedoch, dass sie noch eine wichtige Aufgabe zu erledigen habe und die beiden für 2-3 Minuten allein lassen müsse. Diese Gelegenheit wurde vom männlichen Studenten genutzt, um seine Versuchspartnerin nach ihrer Telefonnummer zu fragen. Einem vorgegebenen Skript folgend, sagte er mit einem Lächeln auf den Lippen:

„Wie du ja weißt, ist mein Name Antoine. Ich find' dich sehr nett und ich frage mich, ob du mir deine Telefonnummer geben würdest. Ich ruf dich dann später an und wir können dann ja was zusammen trinken gehen. - Irgendwann im Laufe der nächsten Woche."

Tatsächlich stellte sich heraus, dass jene Studentinnen, die zuvor einen romantischen Song gehört hatten, eher bereit waren, ihre Telefonnummer herauszugeben (Ergebnisse siehe Abbildung 4.8).

Anscheinend wurden durch das Hören romantischer Songs neuronale Netzwerke im Gehirn vorgeglüht (Priming), welche für romantische Kognitionen und Gefühle zuständig sind. Dies könnte die Studentinnen empfänglicher für den romantischen Annäherungsversuch gemacht haben.

---

45 Obgleich es sich um einen Verbündeten des Versuchsleiters handelte, wurde dieser jedoch nicht eingeweiht, welche Musik die Studentin zuvor gehört hatte.

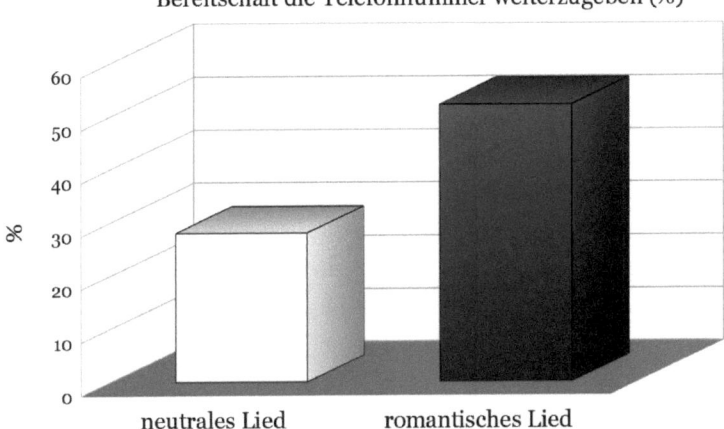

Abbildung 4.8 Basierend auf Daten von: Guéguen, N., Jacob, C., & Lamy, L. (2010). 'Love is in the air': Effects of songs with romantic lyrics on compliance with a courtship request. *Psychology of Music, 38*(3), 303-307.

4.6 Leistungssteigerung durch Musik?

Viele Eltern sind die nervige Diskussion mit ihren Kindern leid:

Vater: *„Beim Hausaufgaben machen wird keine Musik gehört! Das lenkt nur ab und du kannst dich nicht konzentrieren!"*

Sohn: *„Das stimmt gar nicht! Ich kann mich mit Musik viel besser konzentrieren!"*

Wer hat Recht? Können wir mit der richtigen Hintergrundmusik wirklich unsere Leistungsfähigkeit steigern? Die bisher publizierten Forschungsarbeiten weisen leider teilweise erhebliche methodische Mängel auf und geben kein eindeutiges Bild ab (Kämpfe, Sedlmeier & Renkewitz, 2010). Ob Musik zu höherer Performance beiträgt oder sogar zu Leistungseinbußen führt, hängt wohl maßgeblich von zwei Faktoren ab:

1. Die Art der Tätigkeit:
Die bisher publizierten Daten sprechen dafür, dass kognitiv anspruchsvolle Aufgaben (z.b. Lesen oder Schreiben) durch Hintergrundmusik beeinträchtigt werden kann (Furnham & Bradley, 1997; Ransdell & Gilroy, 2001; Thompson et al., 2012). Dies macht Sinn: Bei schwierigen Aufgaben kann jegliche Form von Ablenkung unsere Konzentration stören. Andererseits ließ sich in einer Untersuchung von Cockerton und Kollegen (1997) sogar bei schwierigen Intelligenztest-Aufgaben eine Leistungsverbesserung beobachten. Womöglich hatte die in dieser Studie verwendete Koan-Meditationsmusik mit natürlichen Soundelementen eine stressreduzierende Wirkung, wodurch Prüfungsangst und dysfunktionale Gedanken weniger häufig auftraten.

Bei leichteren Aufgaben oder sportlicher Betätigung kann die richtige Musik sicherlich leistungssteigernd wirken, da sie motiviert und uns von der Monotonie mancher Aufgaben ablenken kann (Crust & Clough, 2006; Fox & Embrey, 1972).

2. Die Art der Musik:
Führt Musik zu Ablenkung, leidet die (kognitive) Leistung. Daher sollte man natürlich keine zu laute oder zu emotional aufwühlende Hintergrund-Musik auswählen. Zudem sollte man auch auf Lieder mit Gesang verzichten, da die Inhalte der Song-Texte mit unserem Arbeitsgedächtnis interferieren könnten (Salamé & Baddeley, 1989).

Ebenso problematisch – und das ist wenig überraschend – sind Lieder, die wir nicht ausstehen können. Andererseits sind auch unsere absoluten Lieblings-Songs – und das ist vielleicht überraschender – ebenfalls nicht geeignet, da wir hier viel zu gerne genau hinhören (Shih, Huang & Chiang, 2012; siehe aber Lesiuk 2005).

Im Großen und Ganzen sind die Forschungsergebnisse zu den leistungssteigernden Effekten von Hintergrund-Musik allerdings erstaunlich unergiebig und teilweise widersprüchlich. Viele Studien wurden mit nur wenigen Probanden durchgeführt. Vielleicht ist es aber auch gar nicht so wichtig, eine Leistungssteigerung durch Hintergrundmusik zu erzielen. Ich persönlich höre beim Bearbeiten von monotonen Aufgaben am PC sehr gerne „Uplifting Music"[46]. Ob ich dadurch effektiver arbeite, kann ich nicht sagen. Es fühlt sich aber sehr viel weniger nach Arbeit an.

---

46 Gibt man diese Suchwörter bei Youtube ein, findet man etliche Videos mit (gesangsfreier) stimmungsaufhellender Musik.

5
(Unbewusste) Beeinflussung durch Düfte

Quizfrage: Welche der folgenden Aussagen trifft zu?

a) Wenn Croissant-Duft in der Luft liegt, sind Frauen offener für männliche Annäherungsversuche.

b) Wenn Pfefferminz-Duft in der Luft liegt, greifen Menschen eher zu Luxus-Produkten, als wenn Vanille-Duft versprüht wurde.

c) Der Geruch von Frauentränen wirkt auf Männer wie ein Aphrodisiakum.

d) Wenn Männer Fleisch essen, wird ihr Körpergeruch von Frauen als angenehmer und attraktiver eingestuft.

e) Wenn Männer Knoblauch essen, wird ihr Körpergeruch von Frauen als intensiver und weniger attraktiv eingestuft.

(Auflösung Seite 214)

Haben Sie schon von der neuen, genial einfachen Methode gehört, mit der Sie Ihre Mitmenschen zu mehr Sauberkeit erziehen können? Sie benötigen nur ein wenig lauwarmes Wasser, in welches Sie Allesreiniger mit Zitrusduft hineingeben. Diesen selbstgebauten Duftspender verstecken Sie dann in der Nähe der Zielperson(en). Glaubt man den Ergebnissen mehrerer Experimente holländischer Forscher (De Lange, Debets, Ruitenburg & Holland, 2012; Holland, Hendriks & Aarts, 2005), dann führt der Allesreiniger-Zitrusduft zuverlässig zu höherer Motivation, die Umgebung sauber zu halten. Fragte man beispielsweise Probanden, was sie denn noch im Laufe des Tages zu tun gedachten, dann nannten sie dreimal häufiger Tätigkeiten, die etwas mit Saubermachen zu tun hatten (z.b. Wohnung putzen oder aufräumen; Experiment 2 aus Holland, Hendricks & Aarts, 2005). In einem anderen Experiment gab man Versuchspersonen im Rahmen einer Produkttestung äußerst bröselige Kekse zum Verkosten. Jene Probanden, die sich zuvor in einem mit Zitrus-Allesreiniger beduftetem Raum aufgehalten hatten, waren deutlich stärker bemüht, die Keks-Krümel vom Tisch zu wischen (Experiment 3 aus Holland, Hendricks & Aarts, 2005).

Selbst in öffentlichen Verkehrsmitteln, in denen es manch einer mit der Sauberkeit bekannterweise nicht allzu genau nimmt, könnte diese Methode Abhilfe schaffen. De Lange, Debets, Ruitenburg und Holland (2012) versteckten sieben kleine Behälter mit Zitrus-Allesreiniger (ergänzt durch das Parfüm „Capitaine") in den Gepäckfächern von zwei Abteilen des holländischen Regionalzugs von Amersfoort-Schothorst nach Enkhuizen.

Im Vergleich zu zwei unbedufteten Zugabteilen warfen die Passagiere während der 104-minütigen Zugfahrt deutlich weniger Abfall auf den Boden und die Sitzbänke (siehe Abbildung 5.1).

Womöglich vermittelt der Geruch des Allesreinigers die Botschaft: „Hier ist ein Ort, an dem Sauberkeit und Ordnung herrscht". Daran wäre dann auch die Norm geknüpft, dass ein jeder die Sauberkeit der Umgebung bewahren solle. Wie stark uns derartige Normen beeinflussen können und dass eine Normverletzung letztlich zu einer Abwärtsspirale des Sittenverfalls führen kann, wird im Exkurs „Ansteckender Normenverfall" beschrieben.

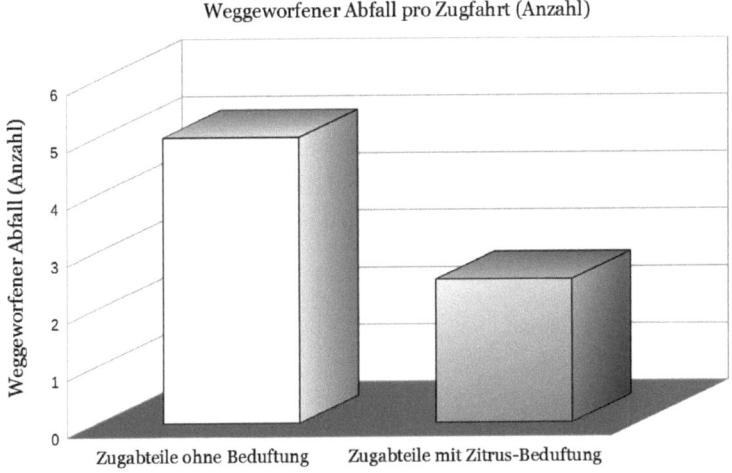

Abbildung 5.1 Basierend auf Daten von: De Lange, M. A., Debets, L. W., Ruitenburg, K., & Holland, R. W. (2012). Making less of a mess: Scent exposure as a tool for behavioral change. *Social Influence*, 7(2), 90-97.

5.1 Exkurs: Ansteckender Normenverfall

Stellen Sie sich vor, Sie müssten in eine Gegend umziehen, in der Graffiti-beschmierte Hauswände, herumliegender Abfall und verwaiste Einkaufswagen zum Alltag gehörten. Können Sie sich vorstellen, dass die Normverletzungen Ihrer Mitmenschen im Laufe der Zeit auf Ihr eigenes Verhalten abfärben?

Keizer, Lindenberg und Steg (2008) gingen dieser Frage auf den Grund, indem sie fünf Experimente mit fast 600 ahnungslosen Passanten durchführten.

Experiment 1:

Die Forscher platzierten Flyer eines fiktiven Sportgeschäfts an den Lenkern parkender Fahrräder. Da es in der Nähe keinen Mülleimer gab, mussten sich die Fahrradbesitzer entscheiden: wegwerfen oder mitnehmen (und bei nächster Gelegenheit entsorgen)?

Wie sich herausstellte, warfen mehr Menschen den Flyer einfach so auf den Boden (69% vs. 33%), wenn die Umgebung vermuten ließ, dass sich auch andere Menschen nicht an die Regeln hielten. Hierzu hatte man nämlich eine Hauswand mit Graffiti beschmiert, obwohl ein großes Schild ausdrücklich darauf hinwies, dass Graffiti-"Verzierungen" verboten seien (Abbildung 5.2).

Abbildung 5.2 Wenn trotz Verbotsschild die Wände mit Graffiti verschmiert waren, führte dies zu weiteren Regelverstößen.

Experiment 2:

An einem Bauzaun, der einen Spalt breit geöffnet war, sodass man sich gerade so durchzwängen könnte, wurden zwei Schilder angebracht (siehe Abbildung 5.3).

(Unbewusste) Beeinflussung durch Düfte

Abbildung 5.3 Wenn Fahrräder an den Zaun angekettet wurden, ignorierten deutlich mehr Menschen das „Kein Durchgang"-Schild.

Wenn die Forscher vier Fahrräder an den Zaun anketteten, ignorierten die Versuchspersonen das „Kein Durchgang"-Verbot deutlich häufiger (82% vs. 27%).

Experiment 3:

Im Parkhaus eines Supermarkts wurden in den Durchgängen verwaiste Einkaufswagen aufgestellt, obwohl ein großes Schild darauf hinwies, dass jeder Kunde doch bitte seinen Einkaufswagen nach dem Einkauf zurückbringen solle.

Im Vergleich zu einer Kontrollbedingung, in welcher keine Einkaufswagen herumstanden, wurden Flyer eines fiktiven Sportgeschäfts, die man unter den Scheibenwischer der parkenden Autos geklemmt hatte, deutlich häufiger auf den Boden geworfen (58% vs. 30%).

Experiment 4:

Zwei Wochen vor Silvester brachten die Forscher Flyer an parkenden Fahrrädern an (siehe Experiment 1). In einer Versuchsbedingung zündeten sie aus sicherer Entfernung Silvester-Böller. Da dies bekanntlich nicht erlaubt ist, mussten die Versuchspersonen den Eindruck gewinnen, „Hier sind Regelverstöße wohl an der Tagesordnung". Als Konsequenz hielten sie sich selbst auch nicht an die allgemein anerkannte Norm, keinen Abfall in der Gegend herumzuwerfen (80% vs. 52%).

Experiment 5:

Die Forscher klemmten einen Briefumschlag, in dessen Sichtfenster eine 5-Euro-Banknote zu sehen war, im Schlitz eines Post-Briefkastens ein (siehe Abbildung 5.4).

Abbildung 5.4 Könnten Sie der Versuchung widerstehen?

Wenn der Briefkasten mit Graffiti beschmiert worden war oder wenn in der Umgebung Abfall verstreut worden war, wurde das Geld deutlich häufiger gestohlen (siehe Abbildung 5.5).

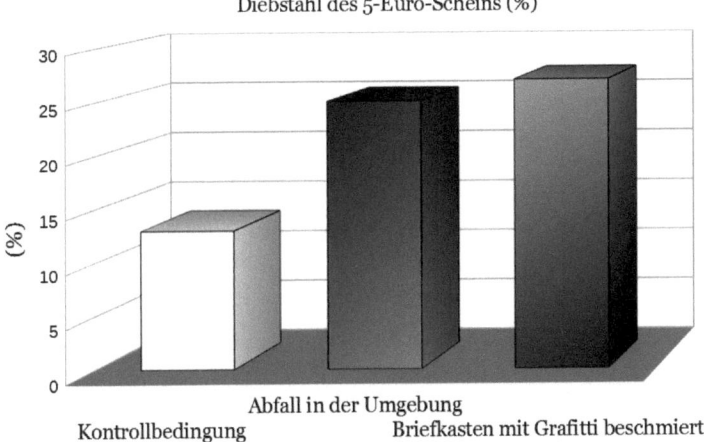

Abbildung 5.5 Basierend auf Daten von: Keizer, K., Lindenberg, S., & Steg, L. (2008). The spreading of disorder. *Science, 322*(5908), 1681-1685.

5.2 Duftmarketing – Der Einsatz von Düften in Marketing und Verkauf

Wenn der Geruch von Zitrus-Allesreiniger uns zum Saubermachen motiviert, gibt es dann auch Düfte, die zum Geldausgeben motivieren? Bereits im Jahr 1995 wurde diese Frage von Forschern mit einem klaren „Ja" beantwortet (Hirsch, 1995).

Man hatte in drei unterschiedlichen Bereichen eines großen Spiel-Casinos in Las Vegas unterschiedliche Düfte versprühen lassen und die Umsatzentwicklung im Vergleich zu zwei „normalen" Wochenenden ausgewertet. Wie sich herausstellte, führte ein bestimmter Duft dazu, dass die Menschen deutlich mehr Geld verspielten (siehe Abbildung 5.6). Leider – oder glücklicherweise – wird in der Publikation nicht näher beschrieben, um welchen Duft es sich dabei handelte. Angesichts dieser Ergebnisse verwundert es jedoch nicht, dass Raumbeduftung heutzutage standardmäßig in Casinos zum Einsatz kommt. Weitere Strategien, die Besucher in Spielkasinos spendabel machen sollen, sind:

- Kaum/keine Fenster und keine Uhren. Dies führt dazu, dass die Gäste das Zeitgefühl verlieren und deutlich länger spielen als geplant.
- Gewinne sind für alle sichtbar und hörbar (z.B. Sirenen). Dadurch erhält man den Eindruck, dass Gewinne relativ häufig vorkommen.

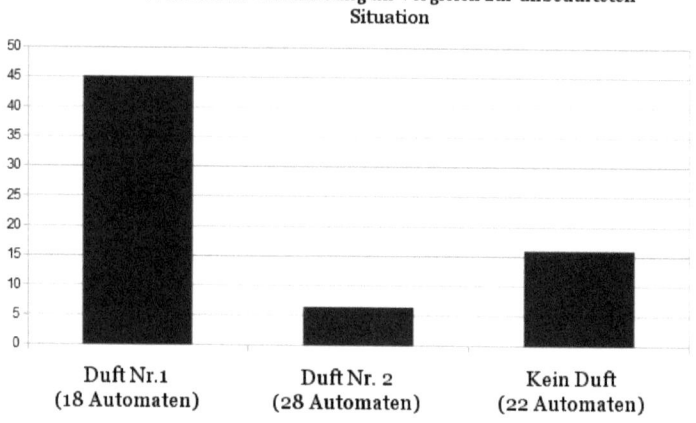

Abbildung 5.6 Basierend auf Daten von: Hirsch, A. R. (1995). Effects of Ambient Odors on Slot-Machine Usage in a Las Vegas Casino. Psychology & Marketing, 12(7), 585-594.

5.3 Manipulation durch Düfte im Supermarkt?

Auch wenn die Spielkasino-Ergebnisse zu großer Euphorie unter Marketing-Experten führten und „Duftmarketing" mittlerweile von sehr vielen Unternehmen eingesetzt wird (z.B. Singapur Airlines, British Airways, Samsung, Victoria's Secret etc.), ist angesichts des aktuellen Forschungsstands etwas Nüchternheit eingekehrt. Denn insbesondere die Beduftung der Räumlichkeiten beim Einkaufen führte bislang zu gemischten Ergebnissen. Teller und Dennis (2012) beauftragten beispielsweise ein auf Gebäude-Beduftung spezialisiertes Unternehmen, einen handelsüblichen Raumduft (Mischung aus Orange, Grapefruit, Bergamotte, Zimt, Kardamom, Ingwer, Pfeffer und anderen Zusatzstoffen) in einer Abteilung eines Einkaufscenters zu versprühen. Die Ergebnisse waren enttäuschend. Im Vergleich zur Kontrollbedingung (Kaufverhalten eine Woche zuvor) ließ sich kaum ein signifikanter Effekt beobachten. Es lässt sich allerdings nicht ausschließen, dass es sich beim verwendeten Raumduft einfach um den „falschen" Duft handelte.

Denn anscheinend reicht es nicht aus, einfach irgendeinen angenehmen Duft im Raum diffundieren zu lassen. Vielmehr sollte der Duft auch zu den angepriesenen Produkten passen (Andrew & Parson, 2009; Bosmans, 2006). So sollte beispielsweise eine Bücherei eher nach Kaffee und weniger nach Parfüm oder Seife riechen. Bei einem Dessous-Laden kann Parfüm die Fantasie anregen. Dagegen ist Reizwäsche, die nach Kaffee duftet, nicht unbedingt jedermanns Sache (siehe Andrew & Parson, 2009).

Auch Herrmann und Kollegen (2012) konnten beobachten, dass Gerüche, die von Versuchspersonen als gleichermaßen angenehm bewertet wurden, zu unterschiedlichem Kaufverhalten führen können. Ausschlaggebend sei jedoch, wie komplex ein Geruch sei. Ein einfacher Duft (z.B. Orange) werde von Menschen besser bzw. flüssiger verarbeitet (processing fluency) als ein komplexer Duft (z.B. Basilikum-Orange mit grünem Tee). Da unser Gehirn fast immer den einfacheren Weg bevorzugt, könnte unser Gehirn auch an den Produkten, die zusammen mit diesem einfachen Duft präsentiert werden, eher Gefallen finden. Tatsächlich konnten die Forscher in mehreren Experimenten zeigen, dass Probanden unter dem Einfluss von Orangenduft nicht nur bessere Leistungen in kognitiven Tests erzielten[47], sondern dass sie beim Einkaufen auch mehr Geld ausgaben (siehe Abbildung 5.7). Allerdings wurde in allen Experimenten nur die Wirkung von Orangenduft (einfacher Duft) mit der Wirkung von Basilikum-Orange (komplexer Duft) verglichen. Eine Replikation mit anderen Duftnoten wäre daher wünschenswert.

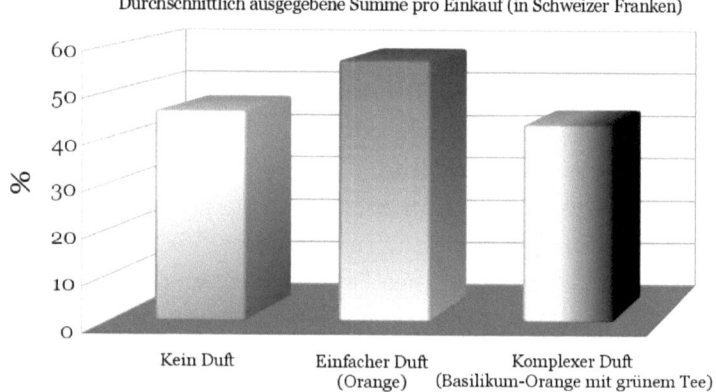

Abbildung 5.7 Basierend auf Daten von: Herrmann, A., Zidansek, M., Sprott, D. E., & Spangenberg, E. R. (2013). The power of simplicity: Processing fluency and the effects of olfactory cues on retail sales. *Journal of Retailing*, 89(1), 30-43.

Erklärung: Die Untersuchung fand in einem Wohnungs-Einrichtungs-Geschäft in der Schweiz statt. Über einen Zeitraum von 18 Tagen wurde das Geschäft unterschiedlich beduftet und die Einkäufe von 402 Besuchern registriert. Zwischen den Versuchsbedingungen ließen die Forscher immer mindestens einen Tag verstreichen, damit sich der Duft des Vortags komplett verziehen konnte.

5.4 Der Duft der Exklusivität

Was führt eher dazu, dass Menschen sich für exklusive Marken entscheiden und auch insgesamt mehr Geld ausgeben? Der Duft von

---

47 Die Autoren erklären dies damit, dass der einfache Orangen-Duft unser kognitives System weniger beschäftige. Somit stünde mehr Kapazität für das Lösen komplexer Denkaufgaben zur Verfügung.

(Unbewusste) Beeinflussung durch Düfte

Pfefferminze oder der Duft von Zimt? Laut einer Untersuchung von Madzharov und Kollegen (2015) scheint uns der Duft von Zimt eher zu Luxusmarken greifen zu lassen. Die Erklärung der Forscher, welche auch durch Untersuchungsergebnisse gestützt wird, wirkt auf den ersten Blick allerdings etwas weit hergeholt: Während Pfefferminz-Geruch ähnlich wie Eukalyptus-Geruch eher als kühl empfunden wird, gilt Zimt genauso wie Vanille als vergleichsweise warmer Duft. Dieser warme Duft erzeuge den Eindruck, sich in einer überfüllten Umgebung zu befinden. Tatsächlich ließ sich in einer Pilotstudie zeigen, dass Versuchspersonen unter Einfluss von Zimt-Geruch den Eindruck hatten, es befänden sich deutlich mehr Menschen mit ihnen im Raum[48].

Aber warum sollte dies dazu führen, dass wir eher zu prestigeträchtigen Luxusartikeln greifen? Die Forscher vermuten, dass wir in Situationen hoher sozialer Dichte, das Bedürfnis verspüren, unseren Status zu sichern. Und da wir nicht in der großen Menge untergehen wollen, entscheiden wir uns eher für exklusive Produkte, die zumindest den Eindruck erwecken, wir hätten einen hohen Status. Ob dieses komplexe Erklärungsmodell wirklich zutrifft, sei dahingestellt. In jedem Fall zeigte sich, dass Probanden eine BMW-Werbung mit dem Slogan „Prestige. It's yours." gegenüber der gleichen Werbung mit dem Slogan „Experience a smooth ride." bevorzugten, wenn sie dem Duft von Zimt ausgesetzt waren. Zudem ließ sich in zwei weiteren Feldexperimenten (einmal beim Optiker und einmal in einem Geschäft auf dem Uni-Campus) beobachten, dass auch hier Luxusartikel (z.B. Brillen von Gucci oder Versace) häufiger gekauft wurden, wenn der Zimt-Geruch in der Luft lag.

---

48 Im Vergleich zu einer Versuchsbedingung, in der Pfefferminz-Duft versprüht worden war.

(Unbewusste) Beeinflussung durch Düfte

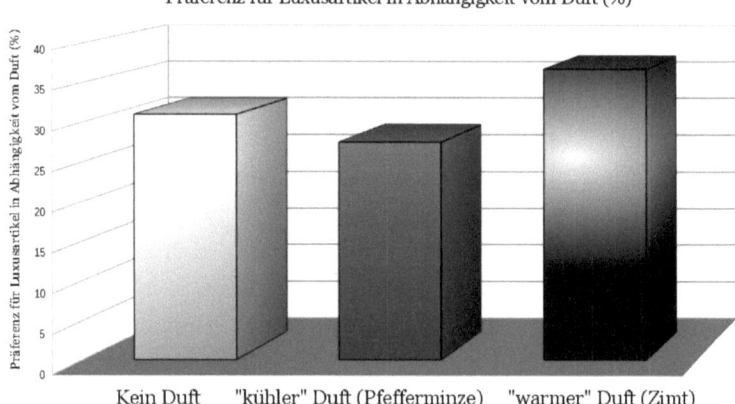

Abbildung 5.8: Basierend auf Daten von: Madzharov, A. V., Block, L. G., & Morrin, M. (2015). The Cool Scent of Power: Effects of Ambient Scent on Consumer Preferences and Choice Behavior. Journal of Marketing, 79(1), 83-96.

Erklärung: Es handelt sich um die Ergebnisse aus Experiment 3 (Geschäft auf dem Uni-Campus). Über einen Zeitraum von 7 Wochen wurde immer wieder ein anderer Duft versprüht.

Allerdings gilt auch für diese Studie, dass ein Vergleich weiterer „warmer" und „kühler" Düfte sehr wünschenswert wäre. Denn obwohl Zimt und Pfefferminze in einer Pilot-Studie als gleichmäßig angenehm bewertet worden waren, ist nicht auszuschließen, dass evtl. ein anderer Wirkmechanismus für die gefundenen Effekte (mit-)verantwortlich sein könnte. Wenn sich daher in einer zukünftigen Untersuchung herausstellen würde, dass beispielsweise Vanille-Duft (warm) im Vergleich zu Eukalyptus-Duft (kühl) zu keiner Präferenz von Luxusartikeln führt, dann müsste das Erklärungsmodell nochmal überdacht werden.

5.5 Manipulation durch Düfte im Restaurant?

Gibt es einen Duft, mit dem Restaurantgäste dazu verleitet werden können, länger zu verweilen und letztlich auch mehr zu bestellen?

Um diese Frage zu beantworten, platzierten Guéguen & Petr (2006) in einer kleinen französischen Pizzeria Duftspender. An drei unterschiedlichen Samstagen wurde entweder Zitrus-Duft, Lavendel-Duft oder kein Duft (Kontrollbedingung) versprüht. Wie in Abbildung 5.9 zu sehen ist, führte nur das Lavendel-Aroma zu höheren Umsätzen. Die Forscher vermuten, dass dies auf die beruhigende, geradezu sedierende Wirkung des Lavendel-Aromas zurückzuführen sei (Field et al., 2005; Lehrner et al., 2005). Damit ließe sich auch erklären, dass die Probanden unter dem Einfluss von Lavendel-Duft deutlich länger im Restaurant verweilten (Aufenthaltsdauer im Restaurant: 105,7 min. bei Lavendel-Duft; 89,8 min. bei Zitrus-Duft; 91,3 min. in der Kontrollbedingung).

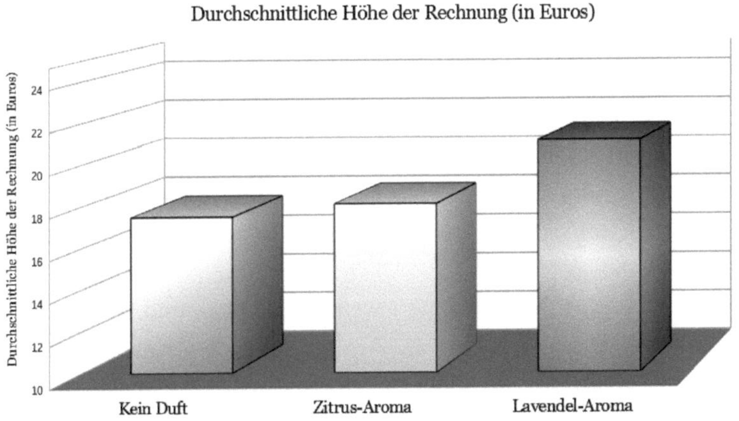

Abbildung 5.9: Basierend auf Daten von: Guéguen, N., & Petr, C. (2006). Odors and consumer behavior in a restaurant. International Journal of Hospitality Management, 25(2), 335-339.

Vielleicht fühlten sich die Restaurantbesucher durch den Lavendel-Duft auch einfach insgesamt besser aufgehoben. Dafür sprechen zumindest die Ergebnisse einer Untersuchung holländischer Forscher (Sellaro et al., 2014), in der man zeigen konnte, dass Probanden unter dem Einfluss von Lavendel-Aroma anderen Menschen mehr Vertrauen entgegenbrachten.[49]

Bestimmte Düfte scheinen also auch geeignet zu sein, unser Sozialverhalten zu beeinflussen. Dies reicht von intensivierter (non-)verbaler Kommunikation (größere physische Nähe, mehr Gespräche, häufigeres Händeschütteln; Zemke & Shoemaker, 2007) bis hin zu mehr Hilfsbereitschaft oder Offenheit für romantische Annäherungen (siehe folgende Kapitel).

5.6 Gibt es Düfte, die Menschen hilfsbereiter werden lassen?

Stellen Sie sich vor: Sie schlendern gemütlich durch ein Einkaufszentrum, als plötzlich eine vor Ihnen laufende Frau aus Versehen einen Handschuh fallen lässt. Da die Frau weiterläuft, als wäre nichts geschehen, hat sie den Verlust des Handschuhs offensichtlich überhaupt nicht bemerkt. Machen Sie die Frau auf ihr Missgeschick aufmerksam? Und glauben Sie, dass es einen Unterschied macht, ob sie dabei den Duft von Gebäck und frischen Brötchen in der Nase haben?

Guéguen (2012) beauftragte jeweils 4 weibliche und 4 männliche Komplizen, dieses Szenario mit 400 ahnungslosen Versuchspersonen durchzuspielen. Wie in Abbildung 5.10 zu sehen ist, waren Passanten in angenehm duftenden Umgebungen (z.B. vor der Bäckerei oder Konditorei) deutlich hilfsbereiter als Passanten in eher neutral

---

49 Die Probanden spielten das sogenannte „Trust-Game". Hierbei erhielt eine Person 5 Euro, welche mit einer anderen Person geteilt werden sollten. Die Summe, die man der anderen Person zugestand, wurde immer verdreifacht. In der nächsten Runde durfte dann die andere Person 5 Euro aufteilen. Als Kennwert für das Vertrauen in die andere Person diente die allererste Entscheidung: Wie viel Euro gebe ich der anderen Person, wenn ich weiß, dass sie als Nächstes entscheidet, wie viel Geld ich bekommen soll?

riechenden Bereichen des Einkaufscenters (z.B. vor einem Bekleidungsgeschäft).

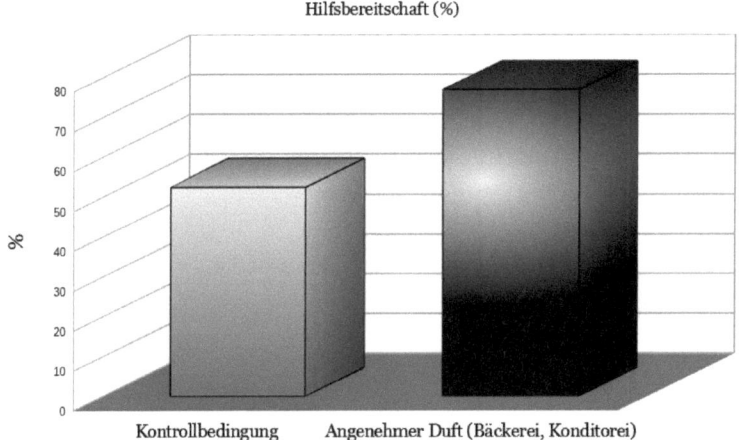

Abbildung 5.10: Basierend auf Daten von: Guéguen, N. (2012). The sweet smell of... implicit helping: Effects of pleasant ambient fragrance on spontaneous help in shopping malls. The Journal of social psychology, 152(4), 397-400.

Ähnlich wie eine Vorgängerstudie (Baron, 1997)[50] lässt diese Untersuchung noch Spielraum für Alternativ-Erklärungen. Denn es könnte ja auch sein, dass Menschen, die vor einer Bäckerei oder Konditorei unterwegs sind, eventuell etwas weniger gestresst sind. Andererseits könnten auch visuelle Stimuli wie der Anblick von Linzer Torte oder frisch gebackenen Brezeln die Stimmung der Probanden beeinflusst haben.

---

50 Auch in dieser Studie hatte man die Hilfsbereitschaft von 116 Besuchern eines Einkaufszentrums auf die Probe gestellt, indem man sie fragte, ob sie einen 1$-Schein in Kleingeld umwechseln könnten. Während in angenehm duftender Umgebung (vor Bäckereien oder einer Kaffee-Rösterei) 57% der Passanten hilfsbereit waren, waren es in einer Kontrollsituation (vor Bekleidungsgeschäften) nur 19%.

Daher lohnt sich der Blick auf weitere Experimente, in denen die Auswirkungen unterschiedlicher Düfte auf altruistisches Verhalten in ein und derselben Umgebung untersucht wurden:

1. **Guéguen (2001)**: Eine Komplizin des Versuchsleiters ließ „aus Versehen" ein Päckchen mit Taschentüchern oder einen Handschuh fallen. Wenn sie ein sehr intensives und luxuriöses Parfüm aufgetragen hatte, wurde sie von deutlich mehr Passanten auf ihr Missgeschick hingewiesen.

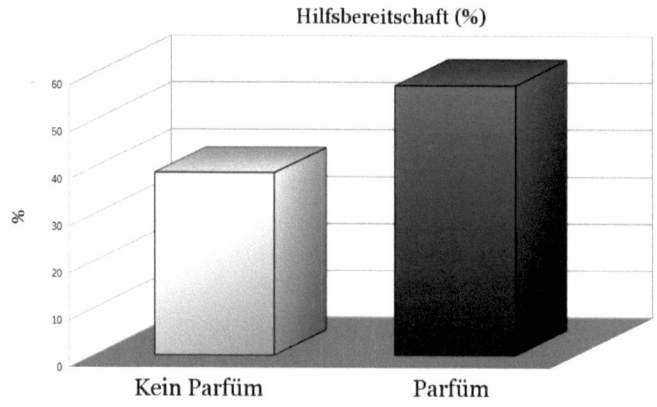

Abbildung 5.11 Basierend auf Daten von: Gueguen, N. (2001). Effect of a perfume on prosocial behavior of pedestrians. Psychological reports, 88(3c), 1046-1048.

2. **Baron & Thomley (1994)**: Nachdem Versuchspersonen im Rahmen eines Experiments eine kognitive Aufgabe bearbeitet hatten, wurden sie von der Versuchsleiterin gefragt, ob sie bereit seien, an einem zweiten Experiment teilzunehmen (ohne Vergütung). Falls sie sich bereit erklärten, sollten sie auch angeben, wie viele Minuten sie dafür aufbringen wollten. Abbildung 5.12 zeigt, dass die Probanden insbesondere dann hilfsbereiter waren, wenn man den Versuchsraum mit Zitronenduft „parfümiert" hatte.

(Unbewusste) Beeinflussung durch Düfte

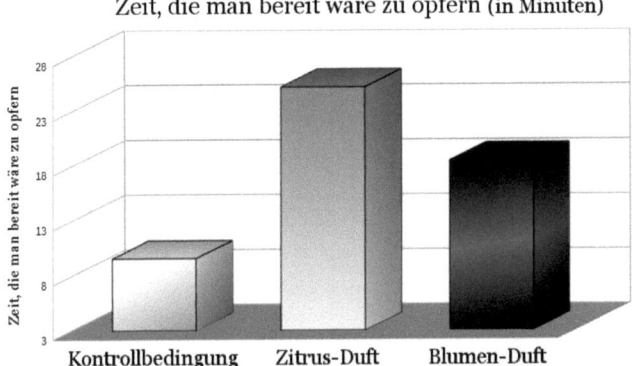

Abbildung 5.12 Basierend auf Daten von: Baron, R., & Thomley, J. (1994). A whiff of reality: positive affect as a potential mediator of the effects of pleasant fragrances on task performance and helping. Environment and Behavior, 26, 766–784.

3. Liljenquist, Zhong & Galinsky (2010): Im Rahmen eines Laborexperiments sollten Probanden unterschiedliche Aufgaben bearbeiten. Zwischen die Unterlagen hatten die Forscher einen Flyer der Hilfsorganisation „Habitat for Humanity"[51] gemischt. Wenn sich die Probanden in einem Raum befanden, in welchem zuvor Zitrus-Reiniger (Windex) versprüht worden war, gaben sie häufiger an, die Hilfsorganisation tatkräftig unterstützen zu wollen. Zudem waren sie auch eher bereit, Geld zu spenden (siehe Abbildung 5.13). Interessanterweise gehen die Forscher nicht davon aus, dass der Zitrus-Duft zu einer positiveren und letztlich auch spendableren Gemütslage geführt habe. Stattdessen wird vermutet, dass der Duft von Reinheit uns (auf unbewusster Ebene) daran erinnere, tugendhaft zu handeln.

---

51 Habitat for Humanity setzt sich dafür ein, bedürftigen Menschen ein Dach über dem Kopf zu ermöglichen.

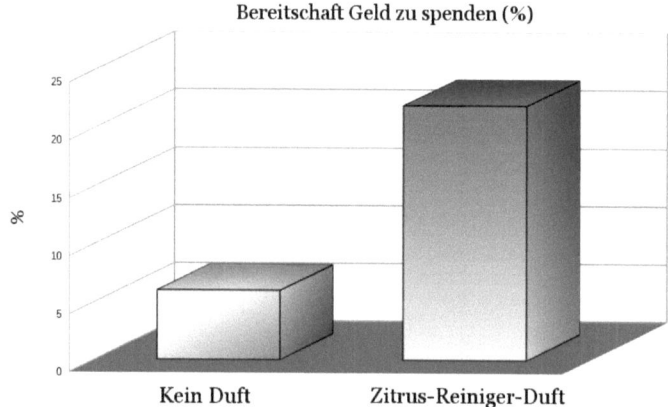

Abbildung 5.13 Basierend auf Daten von: Liljenquist, K., Zhong, C., & Galinsky, A. D. (2010). The smell of virtue: Clean scents promote reciprocity and charity. Psychological Science, 21, 381–383.

Bereits in einer früheren Untersuchung hatten Zhong und Liljenquist (2006) eine Verbindung zwischen dem Konzept der Reinheit und dem Konzept von Schuld bzw. Unschuld aufgedeckt. So waren z.B. Versuchspersonen, die man gebeten hatte, sich an eine Situation eigenen moralischen Versagens zu erinnern, weniger hilfsbereit, wenn man ihnen die Möglichkeit gegeben hatte, ihre Hände mit einem antibakteriellen Tuch zu säubern. Scheinbar war es ihnen gelungen, ihr Gewissen von jeglicher Schuld reinzuwaschen, wodurch ihr Bedürfnis, Wiedergutmachung zu leisten, deutlich verringert wurde. In der Forschung sprach man in diesem Zusammenhang vom sogenannten Macbeth-Effekt, da auch Lady Macbeth nach der Ermordung von König Duncan versuchte, sich von jeglicher Schuld reinzuwaschen:

„*A little water will wash away the evidence of our guilt. It's so simple!*"
(Shakespeare, Macbeth; Akt 2, Szene 2)

Allerdings ist der Macbeth-Effekt in wissenschaftlichen Kreisen durchaus umstritten (Fayard et al. 2009; Gámez, Díaz & Marrero, 2011).

5.7 Ich kann dich nicht riechen - Wie Gerüche unsere Bewertung anderer Menschen beeinflussen

Lass mich an Dir riechen und ich sage Dir, wer Du bist

Verrät unser Körpergeruch etwas über unsere Persönlichkeit? In einer Studie mit dem treffenden Titel „Does personality smell?" (Sorokowska, Sorokowski & Szmajke, 2012) ließen Forscher 60 Versuchspersonen drei Nächte lang in frischen T-Shirts schlafen.[52] Diese T-Shirts wurden dann 200 Versuchspersonen vorgelegt, die nur anhand des Geruchs eine Persönlichkeitseinschätzung abgeben sollten. Wie in Abbildung 5.14 zu sehen ist, gelang es den Probanden tatsächlich, die Persönlichkeitsmerkmale Neurotizismus, Extraversion und Dominanz einigermaßen korrekt zu erschnüffeln.[53]

In einer Folgestudie (Sorokowska, 2013) ließ sich zudem beobachten, dass schon 7 - 9-jährige Kinder das Persönlichkeitsmerkmal Neurotizismus erfolgreich erschnüffeln konnten. Da Neurotizismus ein Indiz für die emotionale Labilität eines Menschen darstellt, könnte es sein, dass sich im Laufe der Evolution, eine olfaktorische Sensibilität für dieses Persönlichkeitsmerkmal herausgebildet hat. Nach dem Motto: „Das riecht nach Problemen."

---

52 Um eine Verunreinigung durch fremde Gerüche zu verhindern, durften die Probanden für die Dauer des Experiments keine Seife, kein Deo und kein Parfüm benutzen. Auch der Konsum von Alkohol und Zigaretten war untersagt. Zudem durfte auch kein intensiv riechendes Essen verzehrt werden.
53 Die gefundenen Effekte waren zwar signifikant ($p < .01$), fielen allerdings nicht allzu groß aus.

(Unbewusste) Beeinflussung durch Düfte

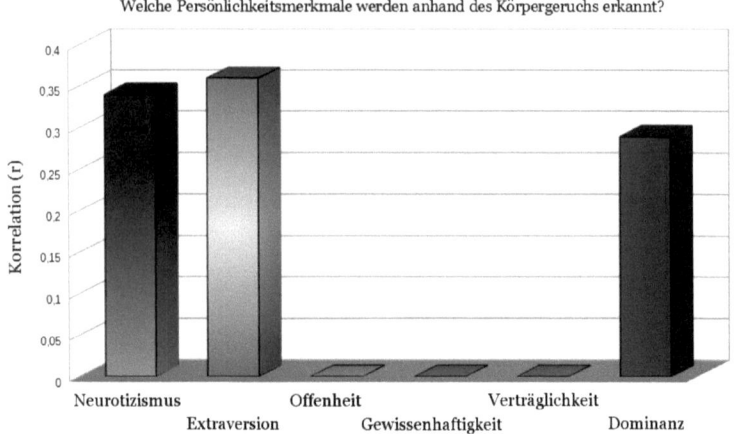

Abbildung 5.14 Basierend auf Daten von: Sorokowska, A., Sorokowski, P., & Szmajke, A. (2012). Does personality smell? Accuracy of personality assessments based on body odour. *European Journal of Personality, 26*(5), 496-503.

Lass mich an Dir riechen und ich sage Dir, ob Du krank bist

Womöglich verfügen wir sogar über ein Frühwarnsystem gegenüber erkrankten Menschen. Zu diesem Schluss kamen zumindest Ollson und Kollegen (2014), nachdem sie Probanden an T-Shirts von zuvor mit Endotoxinen infizierten Versuchspersonen riechen ließen. Im Vergleich zu einer Kontrollbedingung (T-Shirts der gleichen Probanden, aber gesunder Zustand) empfanden die Probanden den Geruch schon wenige Stunden nach der Infektion nicht nur als deutlich unangenehmer und intensiver, sondern sie waren auch überzufällig häufig in der Lage, infizierte Personen zu erkennen.

Dass uns der Geruch von Krankheit bzw. Fäulnis (vermutlich unbewusst) tatsächlich vorsichtiger werden lässt, ließ sich auch in einer Untersuchung von Tybur und Kollegen (2011) beobachten:

Im Rahmen eines Experiments wurde eine Hälfte der Probanden kurzzeitig in einen Raum geschickt, den die Forscher mit „Liquid

Ass" parfümiert hatten. Wie die Übersetzung „Flüssiger Arsch" vermuten lässt, handelte es sich bei „Liquid Ass" um ein „hochkonzentriertes und superschlimm stinkendes Furzspray"[54]. Im weiteren Verlauf des Experiments sollten die Versuchspersonen unterschiedlichste Fragen beantworten. Darunter befanden sich auch Fragen hinsichtlich der Nutzung von Kondomen. Jene Probanden, die zuvor mit dem Fäulnisgeruch konfrontiert worden waren, gelobten deutlich häufiger, in Zukunft Kondome nutzen zu wollen.

Lass mich an Dir riechen und ich sage Dir, ob ich Dich mag

Wohl jeder kennt das Phänomen: Wenn das Deo des Sitznachbarn versagt und man stundenlang (z.B. im Schulunterricht oder im Flugzeug) einer heftigen Geruchsbelästigung ausgesetzt ist, kann dies die Beziehung zur anderen Person durchaus belasten. Aber was geschieht eigentlich, wenn das Deo gerade am „Umkippen" ist. Wenn man also auf bewusster Ebene noch nichts von dem immer stärker werdenden Schweißgeruch wahrnimmt? Li und Kollegen (2007) ließen Versuchspersonen 80 Fotos von Menschen mit neutralem Gesichtsausdruck bewerten. Währenddessen sollten die Probanden immer wieder an Behältern mit unterschiedlichen Düften riechen:

a) Zitrusduft (angenehm)

b) Anisol (neutral)

c) Pentansäure (Schweißgeruch; unangenehm)

d) Luft (Kontrollbedingung)

Bei einem Teil der Versuchspersonen war die Konzentration der Duftmoleküle so gering, dass sie nicht in der Lage waren, den entsprechenden Geruch zu identifizieren. Dennoch wurden die auf den abgebildeten Fotos zu sehenden Menschen deutlich positiver bewertet, wenn eine subliminale Dosis des angenehmen Zitrus-Dufts in der Geruchsprobe vorhanden war. Wenn dagegen geringste Mengen

---

54 So lautete die offizielle Beschreibung bei Amazon.

eines unangenehmen Geruchs (Schweißgeruch) über die Nase aufgenommen wurden, färbte dies negativ auf die danach zu bewertende Person ab (siehe Abbildung 5.15).

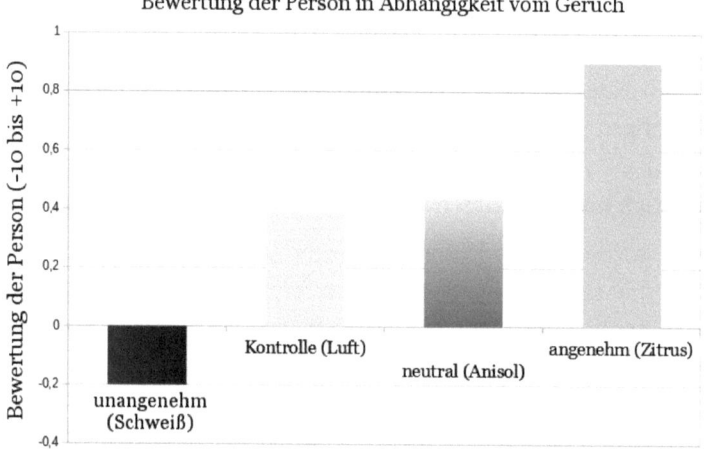

Abbildung 5.15 Basierend auf Daten von: Li, W., Moallem, I., Paller, K. A., & Gottfried, J. A. (2007). Subliminal smells can guide social preferences. Psychological Science, 18(12), 1044-1049.

Einen etwas anderen Ansatz wählten McDermott, Tingley und Hatemi (2014). Ausgehend von der Beobachtung, dass Partner in Liebesbeziehungen häufig die gleiche politische Gesinnung haben, stellten die Forscher die Hypothese auf, dass die Vorliebe für Liebespartner mit gleicher politischer Einstellung auch durch den Körpergeruch der anderen Person bestimmt wird. Um dies zu überprüfen, ließen sie 10 sehr liberal eingestellte und 11 sehr konservativ eingestellte Probanden über 24 Stunden lang Wattebäusche unter den Achseln tragen[55]. In der Folge sollten 125 Versuchspersonen den so gewonne-

---

55 Selbstverständlich hatte man auch in dieser Untersuchung dafür Sorge getragen, dass keine Fremdgerüche die Geruchsprobe kontaminieren konnten. D.h. die Probanden mussten die gleiche geruchlose Seife verwenden. Rauchen, Alkohol, Deo, Parfüm und sogar Sex waren verboten.

nen „Duft" bewerten. Tatsächlich ergab die Auswertung, dass Menschen mit konservativer Orientierung den Körpergeruch konservativer Probanden bevorzugten, während liberal eingestellte Menschen den Geruch liberaler Probanden präferierten. Selbstverständlich ist der Körpergeruch nur ein vergleichsweise geringer Grund dafür, warum wir Menschen mit der gleichen Ideologie bevorzugen. Viel wichtiger ist natürlich die Tatsache, dass wir mit diesen Menschen auf der selben Wellenlänge kommunizieren. Gleich und Gleich gesellt sich gern.

5.8 Der süße Duft der Verführung

Einflussreiche Düfte aus der Umgebung - „Es duftet so lieblich."

Gibt es Umgebungsgerüche, die Frauen positiver auf männliche Annäherungsversuche reagieren lassen?

Um diese Frage zu beantworten, beauftragte der französische Sozialpsychologe Nicolas Guéguen (2012) fünf attraktive Männer[56], insgesamt 400 ahnungslose Frauen in einem Einkaufszentrum um ihre Telefonnummer zu bitten. Um Alternativ-Erklärungen ausschließen zu können, wurde immer derselbe Anmachspruch verwendet:

> Hallo. Mein Name ist Antoine. Ich möchte dir nur sagen, dass ich dich sehr hübsch finde. Ich muss leider jetzt gleich zur Arbeit, aber ich frage mich, ob du mir deine Telefonnummer geben würdest. Ich ruf dich dann später an und wir können irgendwo was zusammen trinken gehen.

---

56 Die Männer waren in einem Vortest von Frauen als besonders attraktiv eingestuft worden. Um Erwartungseffekte zu vermeiden, hatte man den Männern die Hypothesen nicht mitgeteilt.

Wurden die Frauen in wohlduftender Umgebung angebaggert (in der Nähe einer Bäckerei, Konditorei oder vor einem Geschäft, in dem Kaffee geröstet wurde), waren sie deutlich häufiger bereit, ihre Telefonnummer rauszurücken, als wenn sie in neutral riechenden Bereichen eines Einkaufszentrums angesprochen wurden (z.B. vor der Kleiderabteilung, Musik-Abteilung oder Bank).

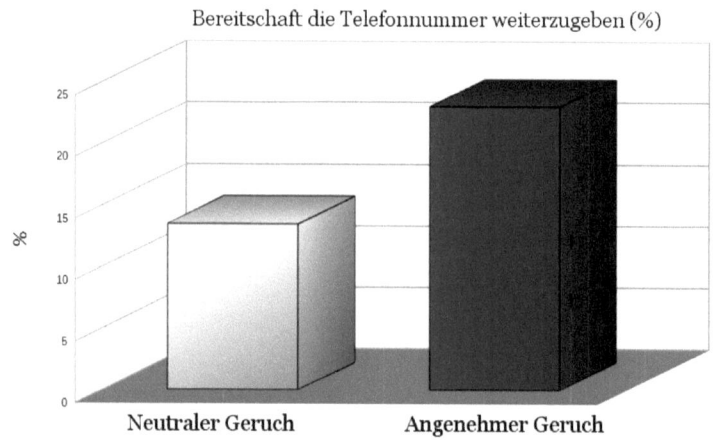

Abbildung 5.16 Basierend auf Daten von: Guéguen, N. (2012). The sweet smell of... courtship: Effects of pleasant ambient fragrance on women's receptivity to a man's courtship request. Journal of Environmental Psychology, 32(2), 123-125.

Da allerdings auch in dieser Untersuchung unklar ist, ob der gefundene Effekt wirklich auf Düfte aus der Umgebung zurückzuführen ist oder ob Frauen in der Nähe von Bäckereien einfach weniger gestresst und daher ansprechbarer sind, lohnt sich der Blick auf ein zweites Experiment, bei welchem derartige Alternativ-Erklärungen ausgeschlossen werden können (Guéguen, 2011):

In dem Glauben, an einem Experiment zur Persönlichkeitswahrnehmung teilzunehmen, schauten 71 Single-Frauen ein 7-minütiges Video am Computer. Bei einer Hälfte der Probandinnen versprühte währenddessen ein Duftspender den Geruch von frischen Croissants. Als die Probandinnen wenig später „zufälligerweise" mit

einem attraktiven Versuchspartner (Komplize) allein gelassen wurden, startete dieser seinen Annäherungsversuch:
„Mein Name ist Antoine. Du scheinst sehr nett zu sein. Ich frage mich, ob du mir deine Telefonnummer gibst. Ich könnte dich später anrufen und wir könnten irgendwann nächste Woche zusammen was trinken gehen."

Obwohl der Annäherungsversuch des Komplizen in einem anderen, unbedufteten Versuchsraum stattfand, waren deutlich mehr Frauen bereit, ihre Telefonnummer rauszurücken (Abbildung 5.17).

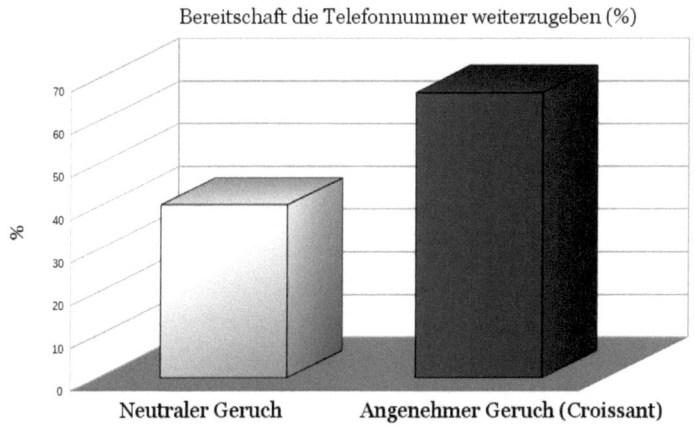

Abbildung 5.17 Basierend auf Daten von: Guéguen, N. (2011). Women exposure to pleasant ambient fragrance and receptivity to a man's courtship request. Chemosensory Perception, 4(4), 195-197.

Die Forscher gehen davon aus, dass der angenehme Croissant-Duft bei den Frauen zu einer Stimmungsaufhellung führte, wodurch sie offener für soziale Kontaktaufnahmen wurden:

Angenehmer Duft → Positive Stimmung → größere Kontaktfreudigkeit

Gibt es körpereigene Duftstoffe, die Frauen „rollig" werden lassen?

Die heutige Deodorant- und Parfüm-Werbung erweckt den Eindruck, dass mit den richtigen Duftstoffen nahezu jede Frau gefügig gemacht werden kann und dass man unter Verwendung von „Sexualpheromonen" – ähnlich wie Grenouille im Roman „Das Parfüm" – geradezu um sein Leben bangen muss, da nun Horden von gutaussehenden Frauen die Duft-Fährte aufgenommen haben.

Der aktuelle Forschungsstand verfrachtet derartige Fantasien zurück ins Reich der Fantasie. Tatsächlich gehen die meisten Wissenschaftler heute davon aus, dass Sexualpheromone – wie man sie z.B. aus dem Tierreich kennt – beim Menschen überhaupt nicht existieren, da z.B. die Funktion des Vomeronasalorgans (Teil des Riechapparats), welches bei Tieren zur Wahrnehmung von Pheromonen dient, beim Menschen in seiner Funktion stark eingeschränkt zu sein scheint.

Selbst die lange Zeit als „Botenstoffe der Liebe" gehandelten Androsterone, welche u.a. aus dem männlichen Schweiß (aber auch aus dem Speichel von Schweinen) gewonnen werden können, hielten bei Weitem nicht das, was sich manche Forscher von ihnen versprochen hatten. Zwar ließ sich in dem einen oder anderen Experiment zeigen,

a) ... dass unter bestimmten Umständen[57] Androsterone bei weiblichen Versuchspersonen zu einer Stimmungsaufhellung führten (Jacob, Hayreh, & McClintock, 2001; Lundström, & Olsson, 2005).

b) ... dass Frauen beim Schauen eines erotischen Films durch die Inhalation von Androsteronen sexuell erregter waren (Bensafi, Brown, Khan, Levenson & Sobel, 2004).

---

57 Die Verbesserung der Stimmung war nur zu beobachten, wenn ein männlicher Versuchsleiter zugegen war.

c) ... dass die weiblichen Teilnehmer eines Speed-Dating-Events unter dem Einfluss von Androstadienon ihre männlichen Gesprächspartner als deutlich attraktiver bewerteten (Saxton, Lyndon, Little & Roberts, 2008).

Allerdings werden in vielen (Zeitungs-)Berichten wichtige methodische Aspekte dieser Studien verschwiegen. So klingen beispielsweise die Ergebnisse aus dem Speed-Dating-Experiment von Saxton und Kollegen (2008) deutlich weniger spektakulär, wenn man sich vor Augen führt, unter welch unnatürlichen Bedingungen sie zustande gekommen sind. Anstatt die mutmaßlichen Sexualpheromone ins Deo der männlichen Teilnehmer zu mixen oder über einen Duftspender im Raum zu verteilen, hatte man vor jedem Speed-Date die Oberlippe der Frauen mithilfe eines befeuchteten Tuchs entweder mit Androstadienon oder mit einem Placebo (Nelkenöl bzw. Wasser) betupft. Darüber hinaus stimmt es sehr bedenklich, dass nur bei einem von drei Speed-Dating-Events, die im Rahmen dieser Untersuchung durchgeführt wurden, der Androstadienon-Duft dem Nelken-Duft überlegen war. Somit lässt sich konstatieren: Falls Androsterone tatsächlich Frauen „rollig" machen, so ist die Anwendung doch äußerst kompliziert, denn wie soll es gelingen, einer Frau den Duftstoff in angemessener Intensität[58] unter die „Nase zu schmieren", ohne wie ein Sexualtriebtäter zu wirken, der den Einsatz von betäubendem Chloroform plant?

Der verführerische Duft der weiblichen Fruchtbarkeit

Während zur Enttäuschung vieler Männer eine praktikable Anwendung von unfehlbaren Sexual-Lockstoffen noch in weiter Ferne ist, scheinen Frauen dagegen in der zeitlichen Nähe ihres Eisprungs einen für Männer äußerst angenehmen Duft abzusondern. In mehreren Experimenten, in denen Männer an T-Shirts oder an unter den

---

58 Bei zu hoher Konzentration stinken Androsterone nach Schweiß und Urin.

Achseln getragenen Wattebäuschen schnüffeln sollten, konnten die männlichen Probanden überzufällig häufig erraten (Trefferwahrscheinlichkeit 61%), ob eine Frau gerade ihre fruchtbaren Tage hatte. Zudem wurde der Duft auch als deutlich angenehmer und als „more sexy" wahrgenommen (Gildersleeve, Haselton, Larson, & Pillsworth, 2012; Havlíček, Dvořáková, Bartoš & Flegr, 2006; Singh & Bronstad, 2001). Auf physiologischer Ebene führte der Duft einer fruchtbaren Frau sogar zu einem höheren Testosteron-Spiegel im Speichel der Männer (Miller & Maner, 2009).

Unter Umständen ist mit den oben genannten Forschungsergebnissen auch das Resultat einer der wohl kuriosesten Studien der letzten Jahrzehnte zu erklären:

Erhalten Stripperinnen an fruchtbaren Tagen mehr Trinkgeld?
Die Inspiration zu dieser außergewöhnlichen Studie kam dem Forscher Brent Jordan, als er während seines Studiums als Manager eines Striplokals arbeitete. Nachdem er immer wieder beobachtet hatte, dass jene Stripperinnen, die nach einem Tampon verlangt hatten, deutlich weniger Trinkgeld für einen Lapdance erhielten, erwuchs in ihm die Idee, dieses Phänomen wissenschaftlich zu untersuchen. Zusammen mit dem Evolutionspsychologen Geoffrey Miller konnten 18 Stripperinnen dazu gewonnen werden, im Namen der Forschung den Verlauf ihrer Periode und ihr erhaltenes Trinkgeld zu dokumentieren. Tatsächlich ergab die Auswertung der Daten, dass Stripperinnen, die nicht mit der Pille verhüteten, in der Nähe ihres Eisprungs deutlich mehr Trinkgeld erhielten (335$ für eine 5-Stunden-Schicht) als in einer weniger fruchtbaren Phase (260$) oder während der Menstruation (185$).

Hatte der Duft der Fruchtbarkeit die Männer während des Lapdance betört und letztlich spendabler gestimmt? Vielleicht. Womöglich waren die Stripperinnen an ihren fruchtbaren Tagen aber auch einfach besser drauf, bewegten sich lasziver und legten eine bessere „Performance" hin. Denkbar – und durch Studien untermauert – ist allerdings auch eine weitere Erklärung. Vielleicht hatten die Frauen in der Nähe ihres Eisprungs einfach deutlich mehr Wert auf ihr Aussehen gelegt. Denn wie man in einer Untersuchung von Haselton, Mortezaie, Pillsworth, Bleske-Rechek & Frederick (2007) beobachten konnte, scheinen Frauen während ihrer fruchtbaren Tage im Durchschnitt nicht nur mehr Schmuck und hübschere Kleidung zu tragen, sondern auch mehr Haut zu zeigen. Eine Zeit lang war auch nahezu überall zu lesen, dass Frauen am Höhepunkt ihrer Fruchtbarkeit bevorzugt rote und pinke Kleidungsstücke tragen würden (Beall & Tracy, 2013). Mittlerweile gehen die verantwortlichen Forscher jedoch davon aus, dass dieser Effekt nur an kalten Tagen zu beobachten sei, da sich an warmen Tagen deutlich mehr Möglichkeiten böten, auf die eigene Fruchtbarkeit und Kontaktfreudigkeit hinzuweisen (z.B. mehr Haut zeigen; Tracy & Beall, 2014).

Der Duft stillender Mütter – Ein Aphrodisiakum für Frauen?

Vor einiger Zeit sorgte die sogenannte Viagra-Pille für Frauen (Wirkstoff: Flibanserin) für Furore. Während dieses ursprünglich als Antidepressivum entwickelte Medikament natürlich die üblichen Nebenwirkungen mit sich bringt (Schwindel, Übelkeit, Schläfrigkeit, Erschöpfung etc.) könnte eine weitaus „sanftere Methode" ebenfalls zu einer Steigerung der sexuellen Lust führen: der Duft stillender Mütter.

Zu diesem Ergebnis kamen Forscher (Spencer et al., 2004), nachdem sie über mehrere Wochen hinweg eine Gruppe von Frauen dazu gebracht hatten, sich immer wieder morgens nach dem Aufstehen und abends vor dem Schlafengehen die Oberlippe mit einem Wattebausch zu betupfen, welcher zuvor entweder eine Zeit lang in der

Achselhöhle oder auf der Brust[59] einer stillenden Mutter geruht hatte. Im Vergleich zu einer Kontrollgruppe berichteten die Probandinnen tatsächlich häufiger davon, sexuelle Fantasien gehabt zu haben und eine gesteigerte sexuelle Lust zu verspüren.

Somit ist die gesteigerte „Lust auf Kinder-Machen", die sich bei vielen Frauen einstellt, wenn im Freundeskreis der Baby-Boom ausgebrochen ist, unter Umständen das Resultat einer durch Gerüche getriggerten, gesteigerten sexuellen Lust.

„Knoblauch. Mmmh!"

Jeder weiß: Einer der größten Fehler, die man vor einem Date machen kann, ist, Knoblauch zu essen. Wie neuere Experimente (Fialová, Roberts & Havlíček, 2016) nahelegen, könnte Knoblauch entgegen aller Erwartungen die Erfolgschancen, bei einer Frau zu landen, sogar steigern!

Die Sache hat allerdings einen kleinen Haken: Man muss schon enorm viel Knoblauch essen.

Wenn Männer ein Brot mit 6 Gramm zerstampftem Knoblauch (6g entsprechen ca. 2 Knoblauchzehen) verzehrten, hatte dies keinen signifikanten Effekt auf ihren Körpergeruch. Wenn man Männern jedoch 12 Gramm Knoblauch aufs Brot schmierte, wurde ihr Körpergeruch – eingefangen mit Wattepads, die für 12 Stunden unter den Achseln getragen wurden, – von Frauen als angenehmer, attraktiver und weniger intensiv wahrgenommen[60]. Die Forscher erklären die überraschenden Ergebnisse mit der gesundheitsförderlichen

---

59 Die insgesamt 26 Mütter hatten den Wattebausch im BH getragen. Da die Mütter während dieser Zeit mehrfach ihre Kinder stillten, kann nicht ausgeschlossen werden, dass die Proben durch Muttermilch oder Baby-Speichel kontaminiert wurden.

60 Die Effekte waren nicht sonderlich groß, konnten aber immerhin in einem zweiten Experiment, in dem Männer Knoblauch-Kapseln zu sich nahmen, weitgehend repliziert werden.

Wirkung des Zwiebelgewächses. So könnten die anti-oxidativen und anti-bakteriellen Effekte des Knoblauchs zu einer positiven Veränderung des Körpergeruchs beigetragen haben.

Aber was ist mit dem penetranten Mundgeruch? Macht der nicht jegliche positiven Effekte zunichte? Wie oben beschrieben, fand der Geruchstest 12 Stunden nach der Knoblauch-Einnahme statt. Somit bleibt vor einem möglichen Date mit der Angebeteten ausreichend Zeit, den unliebsamen Mundgeruch loszuwerden.

Pheromon-Partys: „Deine genetische Ausstattung riecht gut!"

Viele Menschen wissen aus eigener Erfahrung: Den idealen Partner für die „Kinderaufzucht" zu finden, kann schon ein äußerst schwieriges Unterfangen sein. Wäre es daher nicht fantastisch, wenn man diese schwierige Entscheidung mit wissenschaftlicher Präzision treffen könnte?

Dies dachten sich auch findige Geschäftsleute aus den USA, die im Namen der Wissenschaft sogenannte „Pheromon-Partys" veranstalteten. Für gerade mal 30 Dollar konnte man sich in ein solches Event einkaufen. Alles, was man dazu selbst beitragen musste, war für drei Nächte in ein und demselben Baumwoll-T-Shirt zu schlafen. Dieses T-Shirt sollte man dann in einen verschließbaren Plastikbeutel stecken und am Abend der Party mitbringen. Im Laufe des Abends durfte dann ein jeder an den leicht müffelnden T-Shirts riechen und sein Urteil abgeben: Hot or not? Bewertete man den Duft eines der T-Shirts als besonders ansprechend, konnte man im Laufe des Abends mit dem Besitzer des T-Shirts ins Gespräch kommen und herausfinden, ob die Chemie wirklich stimmt.

Hintergrund für diese clevere Geschäftsidee war das Ergebnis einer vielbeachteten wissenschaftlichen Studie (Wedekind, Seebeck, Bettens & Paepke, 1995), in welcher man hatte zeigen können, dass wir den Geruch von Menschen, die aus genetischer Sicht gut zu uns passen, im Durchschnitt bevorzugen.[61] Allerdings hatte man in der Originalstudie dafür Sorge getragen, dass der Geruch der T-Shirts nicht durch körperfremde Gerüche (Deo, Seife etc.) verunreinigt wurde. Zudem muss man aus heutiger Sicht leider konstatieren, dass die gefundenen Effekte nicht nur ziemlich gering ausfielen, sondern auch teilweise inkonsistent waren. Während man z.B. in der Originalstudie von Wedekind et al. (1995) beobachtet hatte, dass Frauen die genetische Kompatibilität eines potentiellen Partners erschnüffeln konnten, gelang dies in einer Folgestudie (Thornhill et al., 2003) nur den männlichen Versuchspersonen.

Insofern sind die Vorgänge auf den sogenannten „Pheromon-Partys" eher in die Kategorie „lustige Partyspielchen" einzuordnen. Anstatt mit wissenschaftlicher Präzision den genetisch kompatiblen Partner zu finden, führten die Bemühungen wohl eher dazu, herauszufinden, ob man das Deo/Parfüm der anderen Person als angenehm empfindet. Die wahren Gewinner des Events waren somit sicherlich nicht die Teilnehmer des Events, die man mit (Pseudo-)Wissenschaft gelockt hatte, sondern die Veranstalter des Events, die von jedem Teilnehmer 30 Dollar kassiert hatten.

(Unerwartete) Liebeskiller

a) weibliche Tränen

Dass Frauen nicht auf Weicheier und Heulsusen stehen, ist ja weitgehend bekannt. Weniger bekannt ist wahrscheinlich das Ergebnis einer im Jahr 2011 in der Fachzeitschrift Science veröffentlichten Studie, wonach weibliche Tränen auf Männer abturnend wirken (Gelstein et al., 2011). Um die für das Experiment notwendigen Tränen zu gewinnen, hatten die Forscher zwei Frauen traurige Filme schauen lassen. Sobald die Frauen zu weinen begannen, wurden die

---

[61] Die Forscher vermuten, dass sich diese Fähigkeit im Laufe der Evolution ausgebildet hat, um besonders gesunde Nachkommen erzeugen zu können.

kostbaren Tropfen mit einer Phiole aufgefangen. Die auf diese Art gewonnenen Tränen wurde in der Folge auf ein Geruchspad geträufelt, welches 24 männlichen Probanden direkt unter die Nasenlöcher geklebt wurde. Mit diesem Geruchspad auf der Oberlippe sollten die Männer dann Bilder von Frauen hinsichtlich ihrer Attraktivität beurteilen. Im Vergleich zu einer Kontrollbedingung, in der die Geruchspads nur mit einer Salzlösung imprägniert worden waren, bewerteten die Männer die eingeblendeten Frauenbilder als weniger attraktiv. Zudem ließ sich auch ein Rückgang im Testosteron-Spiegel und in der sexuellen Erregung beobachten.

Womöglich sind die chemischen Signale in den Tränen ein Erbe der Evolution. Nach dem Motto: Diese Frau ist emotional instabil. Es ist besser, keine Paarungsgedanken zu haben.

b) Fleischkonsum

Im Oktober 2015 stufte die Weltgesundheitsorganisation (WHO) den Konsum von rotem Fleisch[62] (z.B. Schwein und Rind) und verarbeitetem Fleisch[63] (z.B. Schinken oder Salami) als krebserregend ein. Die Studienlage lasse vermuten, dass ein dosisabhängiger Zusammenhang bestünde. Während bei rotem Fleisch pro 100 Gramm täglichem Tagesverzehr mit einer Erhöhung des Darmkrebsrisikos von 17 Prozent zu rechnen sei, genügen beim verarbeiteten Fleisch schon 50 Gramm um das Risiko für Kolorektalkarzinome um 18 Prozent zu erhöhen (Bouvard et al., 2015)[64].

Trotz solcher bedenklich stimmender Meldungen lassen sich jedoch gerade viele Männer nicht davon abbringen, jeden Tag ein saftiges Steak oder einen Fleischsalat (man beachte: Der Name Fleisch-"Salat" ist geniales Marketing) zu verzehren.

---

62 Zum „roten Fleisch" zählen alle Muskeln von Säugetieren (z.B. Rind, Schwein, Kalb, Hammel, Lamm)
63 Mit „verarbeitetem Fleisch" sind Fleischwaren gemeint, die durch Salzen, Pökeln, Fermentieren, Räuchern oder durch andere Verarbeitungsschritte haltbarer gemacht oder im Geschmack verfeinert wurden.

Vielleicht führen jedoch die Ergebnisse der folgenden Untersuchung dazu, dass der eine oder andere Mann seinen übermäßigen Fleischkonsum noch einmal überdenkt:

Tschechische Forscher (Havlicek & Lenochova, 2006) setzten eine Gruppe von 17 Männern für jeweils zwei Wochen auf eine „Fleisch-Diät" bzw. eine „Kein-Fleisch-Diät". Die Gerichte, aus denen die männlichen Probanden auswählen konnten, unterschieden sich nur darin, ob sie vegetarisch waren oder nicht (z.b. Risotto mit Gemüse vs. Risotto mit Schweinefleisch). Am letzten Tag ihrer Diät sollten die Probanden Wattebäusche in ihren Achselhöhlen tragen. Um zu gewährleisten, dass wirklich nur der eigene Körpergeruch auf diese Weise eingefangen wurde, hatte man wieder die üblichen Vorkehrungen getroffen (kein Deo, Parfüm, Alkohol etc.). Zudem hatte man allen Probanden ein frisches T-Shirt spendiert, um auch den Geruch von anderen Kleidungsstücken (z.b. Lederjacke) abzuschirmen.

Die so gewonnenen Geruchsproben wurden in der Folge 32 Frauen präsentiert. Obwohl die Frauen keine Ahnung hatten, welcher „Duft" zu welchem Mann gehörte, wurden die Proben der Fleischesser deutlich abgestraft. Hatten sich die Versuchspersonen dagegen fast ausschließlich vegetarisch ernährt, wurde ihr Körpergeruch als angenehmer und als deutlich attraktiver eingestuft.

Emotionale Ansteckung durch Gerüche?

Wohl jeder hat schon mal die Erfahrung gemacht, dass sich die eigene Stimmung in Abhängigkeit von der emotionalen Befindlichkeit

---

64 Obwohl die WHO den Konsum von rotem und verarbeitetem Fleisch auf die gleiche Gefahrenstufe wie Zigarettenkonsum gesetzt hat, so muss doch darauf hingewiesen werden, dass der Konsum von Zigaretten deutlich gefährlicher ist. Die britische Krebsforschung (UK Cancer Research) beziffert das Risiko, an den Folgen von Zigarettenkonsum zu sterben im Vergleich zum Fleischverzehr, auf ca. 7:1.

der Mitmenschen in der Umgebung verändern kann. Während sich auf einer Beerdigung einer Person, die wir vielleicht gar nicht kannten, unser Herz ähnlich wie das der Angehörigen mit Trauer und Schwermut füllt, lassen wir uns bei einem Fußballspiel oder einem Musik-Konzert von der Euphorie der Fans derart anstecken, dass wir am Ende selbst überglücklich sind und lauthals mitsingen bzw. mitgrölen. Einige Forscher gehen mittlerweile davon aus, dass zumindest ein kleiner Teil dieser Gefühlsübertragung auch durch unseren Geruchssinn übermittelt wird. Während für die Emotionen Stress bzw. Angst schon mehrere Studienergebnisse vorliegen (z.B. Albrecht et al., 2011; de Groot, Smeets, Kaldewaij & Duijndam, 2012), ist die Erkenntnis, dass eventuell sogar Freude (Happiness) durch chemische Signale in unserem Körperschweiß übertragen werden kann, noch relativ frisch (de Groot et al., 2015). Für ihre Studie hatten die Forscher zunächst 12 Männer freudig stimmende Filmausschnitte (z.B. aus dem Dschungelbuch) oder ängstlich bzw. neutral stimmende Filmclips anschauen lassen. Im zweiten Schritt der Studie durften 36 Frauen an Wattebäuschen riechen, welche die männlichen Probanden während ihrer Filmsession unter den Achseln getragen hatten. Mithilfe eines EMGs[65] ließ sich nachweisen, dass bei den Frauen jene Gesichtsmuskeln aktiver waren, die zu der Emotion passten, welche die Männer durchlebt hatten. Hatten die Männer also Freude beim Schauen des Films erlebt, führte dies bei den Frauen zu einer Aktivierung jener Gesichtsmuskeln, welche beim Lächeln beteiligt sind.

Insgesamt muss man jedoch festhalten, dass sich das Forschungsfeld zur emotionalen Ansteckung (emotional contagion) noch in den Kinderschuhen befindet und noch einige forschungsmethodische als auch inhaltliche Fragen zu klären sind. So ist es beispielswei-

---

65 EMG (Elektromyographie): Elektrophysiologische Methode, bei der Nadelelektroden am Körper des Probanden angebracht werden, wodurch es möglich ist, auch kleinste Muskelzuckungen nachzuweisen.

se noch völlig unklar, welche chemischen Stoffe letztlich dafür verantwortlich sind, dass wir Freude über die Nase aufnehmen können. Falls ein derartiger olfaktorischer Glücklichmacher eines Tages identifiziert werden könnte, wäre dieser sicherlich auch in Hinsicht auf die Behandlung von Depressionen interessant.

6
(Unbewusste) Beeinflussung durch Geld

Quizfrage: Welche dieser Aussagen trifft zu?

a) Menschen, die an Luxus-Boutiquen vorbeischlendern, sind besonders hilfsbereit, weil Luxusprodukte (Uhren, Schmuck) positive Emotionen auslösen.

b) Wenn Versuchspersonen an Geld denken, haben Sie in der Folge mehr Lust auf soziale Kontakte (und Sex).

c) Kurz nachdem Menschen am Geldautomaten waren, sind sie hilfsbereiter.

d) Wenn Menschen dazu gebracht werden, an Geld zu denken, sind sie in der Folge leistungsbereiter.

(Auflösung Seite 214)

6.1 Mit 10 Cent zu mehr Menschlichkeit?

Eine meiner „schlechten" Angewohnheiten ist es, Geld zu verlieren. Glücklicherweise sind es meist nur kleine Beträge (1 bis 10 Cent). Also jenes Wechselgeld, das nach dem Einkauf den Geldbeutel sowieso nur unnötig aufbläht, so dass dieser kaum noch in die Hosentasche passt. Soweit ich mich erinnern kann, trat meine merkwürdige Schusseligkeit zum ersten Mal auf, nachdem ich im Psychologie-Studium von der folgenden Studie gehört hatte (Isen & Levin, 1972):

Die Forscher präparierten eine normale Telefonzelle, indem sie ein 10-Cent-Stück[66] ins Münzrückgabe-Fach hineinlegten. Wann immer eine Versuchsperson die Telefonzelle verlassen hatte, ließ eine Komplizin der Versuchsleiterin[67] - scheinbar aus Versehen - einen Ordner mit losen Blättern fallen. Würden jene Versuchspersonen, die zuvor 10 Cent in der Telefonzelle gefunden hatten, eher beim Aufsammeln der Blätter helfen?

Abbildung 6.1 Würden die Passanten beim Aufheben der Blätter helfen? (Eine Nachstellung des „Telefonzellen-Experiments" finden Sie auf dem Youtube-Kanal von www.psychologie-lernen.de.)

---

66 Es handelte sich um 10 US-Cent. Inflationsbereinigt hätte die Münze heute einen Gegenwert von ca. 60 US-Cent.
67 Die Komplizin war nicht informiert worden, in welcher Versuchsbedingung sich die Versuchsperson befand. Somit kann ausgeschlossen werden, dass die Komplizin sich (un-)absichtlich unterschiedlich verhalten hatte.

Die Antwort lautete eindeutig Ja! Während in der Kontrollgruppe, in welcher man keine Münze vorfand, nur 4% (1 von 25) bereit waren zu helfen, waren es in der Experimentalbedingung sage und schreibe 87,5% (14 von 16). Auch wenn die Stichprobe offensichtlich sehr gering war (insgesamt nur 41 Versuchspersonen), so war doch der gefundene Effekt (eine Verzwanzigfachung der Hilfsbereitschaft) dermaßen hoch, dass die Ergebnisse wohl kaum auf einen Zufall zurückzuführen waren ($P < 0.001$).

Die „Telefonzellen-Studie" von Isen und Levin wurde mittlerweile unzählige Male zitiert. Von psychologischen Lehrbüchern über Ratgeberliteratur bis hin zum Comedy-Programm von Eckart von Hirschhausen. Da sich aber kaum jemand die Mühe macht, in die Originalstudie hineinzuschauen und man stattdessen lieber bei anderen Autoren abschreibt, haben sich im Laufe der Jahre – ähnlich wie beim Kinderspiel „Flüsterpost" - unzählige Übertragungsfehler eingeschlichen. Dies fängt harmlos beim Namen der Studienautoren an (aus Levin wird z.B. Larson), geht weiter mit falschen Effektgrößen (statt 20-mal mehr Hilfsbereitschaft z.B. nur 4-mal mehr Hilfsbereitschaft) und endet bei inkorrekter Beschreibung des Studienablaufs.

So schilderte beispielsweise Eckart von Hirschhausen den Ablauf des Experiments in der Sendung „Schmidt und Pocher" folgendermaßen:

*„Psychologen [...] haben Münzen deponiert und merkten, die Hilfsbereitschaft **einem auf dem Boden aufzuhelfen**, steigt nach dem Fund einer Münze **um das Vierfache**! - Warum ist die Stimmung in Deutschland so schlecht? Wegen der Kartentelefone..."*

Ähnlich ärgerlich wie die fehlerhafte Überlieferung der Originalstudie ist die Tatsache, dass fast nirgends erwähnt wird, dass es in der Folge Probleme gab, die Ergebnisse zu replizieren. So führten Blevins und Murphy (1974) ein nahezu identisches Experiment durch. Der einzige Unterschied bestand darin, dass die Komplizin diesmal keinen Ordner mit Blättern fallen ließ, sondern Päckchen.[68] Im Großen und Ganzen hinterlässt die Publikation von Blevins und Murphy allerdings nicht den allerbesten Eindruck (z.B. widersprüchliche Versuchspersonenzahlen). Daher lohnt sich der Blick auf ein weiteres Experiment (Batson, Coke, Chard, Smith & Taliaferro, 1979). Auch diese Studie glänzt zwar nicht mit einer hohen Versuchspersonenzahl (N = 40), dennoch gelang es, die Ergebnisse aus der Originalstudie von Isen und Levin (1970) zumindest annäherungsweise zu replizieren. Die Effektstärke fiel jedoch deutlich geringer aus. Während in der Kontrollgruppe nur 6 von 20 Versuchspersonen beim Aufsammeln der Blätter halfen, waren es immerhin mehr als doppelt so viele (13 von 20), wenn die Probanden zuvor eine 10-Cent-Münze gefunden haben. Diese Effektstärke liegt wahrscheinlich deutlich näher an der Realität, denn wenn man alle drei Studien zusammenfasst, kommt man auf Basis von 131 Versuchspersonen auf ein ähnliches Ergebnis (siehe Abbildung 6.2).[69]

Vielleicht wäre die Welt also ein besserer Ort, wenn wir alle gelegentlich ein bisschen Kleingeld „verlieren" würden. Zumal wahrscheinlich nicht nur der Finder der 10-Cent-Münze kurzfristig besser gelaunt sein dürfte, sondern auch – und dies kann ich aus eigener Erfahrung bestätigen – derjenige, der die Münze (absichtlich) verliert. Denn auch die Forschung scheint das alte Bibelzitat zu bestätigen: „Geben ist seliger denn nehmen." (Aknin et al., 2013; Dunn, Aknin & Norton, 2008).

---

68 Womöglich unterschieden sich die Experimente darin, wie viel Zeit zwischen dem Finden der Münze und der Hilfsbereitschaft erfordernden Situation verstrich. Diese Angabe ist jedoch in keiner der beiden Publikationen aufzufinden.
69 Angesichts des großen medialen Rummels um die Telefonzellenstudie wäre eine Replikation mit einer größeren Stichprobe in der heutigen Zeit jedoch trotzdem wünschenswert. Zumal auch eine Variante des Experiments (Levin & Isen, 1975) nicht repliziert werden konnte (z.B. Weyant & Clark, 1976).

(Unbewusste) Beeinflussung durch Geld

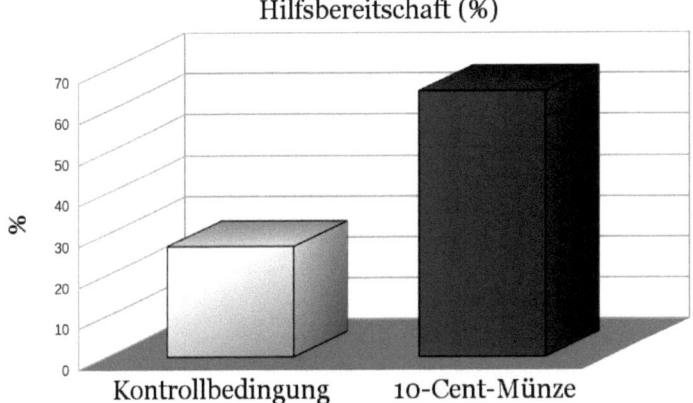

Abbildung 6.2 Durchschnittlicher Effekt über alle drei Studien hinweg (131 Versuchspersonen).

Ein weiteres Sprichwort, an das ich beim Schreiben dieses Kapitel immer wieder denken musste, lautet:

„Wer den Pfennig nicht ehrt, ist des Talers nicht wert!"

Wer hätte gedacht, dass man dem Pfennig wahrscheinlich mehr Ehre erweist, wenn man ihn wegwirft.

6.2 Was macht Geld und Luxus mit uns?

Selbstexperiment: Welche Assoziationen verbinden Sie mit dem Begriff „Geld"?

(Unbewusste) Beeinflussung durch Geld

Abbildung 6.3 Welche Assoziationen haben Sie, wenn Sie an Geld denken?

Vielleicht finden Sie einige Ihrer Assoziationen in der folgenden Liste wieder:

- Kapitalismus
- Macht
- Gier
- Ellenbogen-Gesellschaft
- Ungerechtigkeit
- Banken
- Bankenkrise
- Unmoralisches Verhalten
- Finanzkrise

- Möglichkeiten
- Sicherheit
- Wohlstand
- Träume verwirklichen

- Leistung (muss sich wieder lohnen)
- Arbeit

Manche Gegenstände unseres Alltags haben einen so großen Einfluss auf unser Leben, dass schon ein flüchtiger Gedanke an diesen Gegenstand eine Kette von (weitgehend unbewussten) Gedanken auslösen kann. Wenn Sie zum Beispiel an das Wort „Sonne" denken, sind in Ihrem Gehirn die Neuronen für den Begriff „Mond" oder „Strand" schon etwas „vorgeglüht". Psychologen bezeichnen dieses Phänomen als Priming (siehe Kapitel 1.5).[70]

Einige der interessantesten Priming-Experimente in den letzten Jahren wurden zum Thema Geld durchgeführt. Diese Experimente sind deswegen so interessant, da sie Aufschluss darüber geben, wie sich Menschen durch Geld in ihrem Verhalten beeinflussen lassen. Dabei lassen sich (grob) zwei Forschungsrichtungen unterscheiden, die sich auch in den oben aufgezählten Assoziationen zum Thema Geld abzeichnen:

1. Geld führt zu unmoralischem Verhalten.

2. Geld erhöht die Leistungsbereitschaft.

1. Geld führt zu unmoralischem Verhalten

„Das Geld zieht nur den Eigennutz an und verführt stets unwiderstehlich zum Missbrauch." (Albert Einstein)

Ein bekanntes Sprichwort lautet: „Geld verdirbt den Charakter." Wie viel Wahrheit liegt in diesem Sprichwort? Sind materialistisch eingestellte Menschen im Durchschnitt egoistischer und kaltherziger? Tatsächlich sprechen Untersuchungen für diese Hypothese (Lamy, Gué-

---

[70] Aber nicht nur unsere Gedanken, sondern auch unser Verhalten und unsere Emotionen können auf diese Weise beeinflusst werden. Wenn Sie zum Beispiel im Folgenden an die Begriffe „Sonne", „Entspannung", „Hängematte" und „Bacardi" denken, merken Sie vielleicht, wie sich ihr Körper entspannt. Vielleicht haben Sie sogar einen chilligen Sommersong im Ohr (Bacardi Feeling...).

guen, Fischer-Lokou & Guegan, 2016; Richins & Dawsons, 1992). Besonders eindrucksvoll sind die Ergebnisse dreier Experimente, die man vor Pariser Luxus-Boutiquen (Louis Vuitton®, Dior®, Chanel®, Prada®, Versace®, Guerlain® und Boucheron®) durchführte (Lamy, Guéguen, Fischer-Lokou, & Guegan, 2016):

1. Die verletzte Frau mit Krücken (80 Versuchspersonen)
Eine scheinbar verletzte, an einer Krücke laufende Komplizin des Versuchsleiters ließ in einem Abstand von ca. fünf Metern zur Versuchsperson eine Packung Süßigkeiten und eine Flasche Wasser fallen. Würden jene Passanten, die gerade aus einer Luxusboutique kamen, häufiger oder seltener beim Aufheben der Gegenstände helfen als Passanten einer Kontrollgruppe[71]?

Wie sich Abbildung 6.4 entnehmen lässt, waren die Besucher der Luxus-Geschäfte nur halb so oft bereit, der hilfsbedürftigen Frau zu helfen.

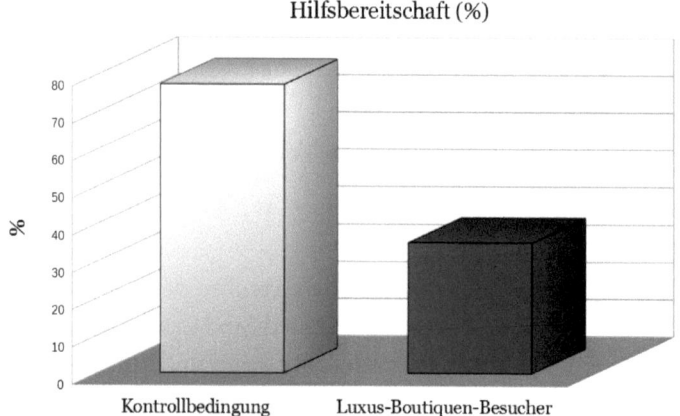

Abbildung 6.4 Basierend auf Daten von: Lamy, L., Guéguen, N., Fischer-Lokou, J., & Guéguen, J. (2016). "Wrong place to get help": A field experiment on luxury stores and helping behavior. Social Influence, 11(2), 130-139.

---

71 Bei der Kontrollgruppe handelte es sich um Passanten, die in einer 600 Meter entfernten Gegend unterwegs waren, in der es keine Geschäfte gab.

(Unbewusste) Beeinflussung durch Geld

Völlig unklar ist allerdings, weshalb die Besucher von Chanel®- oder Prada®-Geschäften weniger hilfsbereit waren. Handelte es sich um Superreiche mit anders gestrickter Persönlichkeit oder war die Kaltherzigkeit eher ein Resultat der Eindrücke aus dem Nobel-Geschäft.

Vielleicht hatten die vielen teuren Luxus-Artikel via Priming-Effekt daran erinnert, dass man sich nur mit starrer Ellenbogen-Mentalität derartigen Luxus gönnen könne. Womöglich waren die Besucher auch einfach nur frustriert ob der Tatsache, dass sie gerade viel Geld ausgegeben hatten oder sich viele der Luxus-Artikel einfach nicht leisten konnten.

Um Letzteres ausschließen zu können, führten die Forscher zwei weitere Experimente durch, bei denen die Probanden nicht direkt aus einem der Luxusgeschäfte herauskamen, sondern einfach nur an diesen vorbeischlenderten (siehe Experiment 2 und 3).

2. Die Frau im Rollstuhl (112 Versuchspersonen)

Die Forscher inszenierten eine Szene, in der eine junge Frau von einer anderen Frau im Rollstuhl geschoben wurde. Wenn sich eine Versuchsperson näherte, sagte die Frau, die den Rollstuhl anschob, immer die folgenden einstudierten Sätze:

> *„Entschuldigen Sie bitte. Ich glaube, ich habe mein Handy in einem Café liegen lassen. Könnten Sie kurz bei meiner Freundin bleiben, während ich nachschauen gehe, ob es noch da ist? Sie kann es nur schwer ertragen, alleine zu sein. Es dauert auch nur ein paar Minuten."*

Obwohl die Passanten diesmal gar nicht (oder zumindest nicht unmittelbar davor) in den Gebäuden der Luxus-Geschäfte gewesen waren, ließ sich ein riesiger Effekt beobachten (siehe Abbildung 6.5). Menschen, die vor den nobelsten Juwelier- und Uhrengeschäften (z.B. Van Cleef & Arpels®, Boucheron® und Dior®) unterwegs waren, wiesen die Bitte der jungen Frau fast viermal häufiger ab als Personen einer Kontrollgruppe, die man in einer 300 Meter entfernten Gegend ohne Geschäfte um den gleichen Gefallen gebeten hatte.

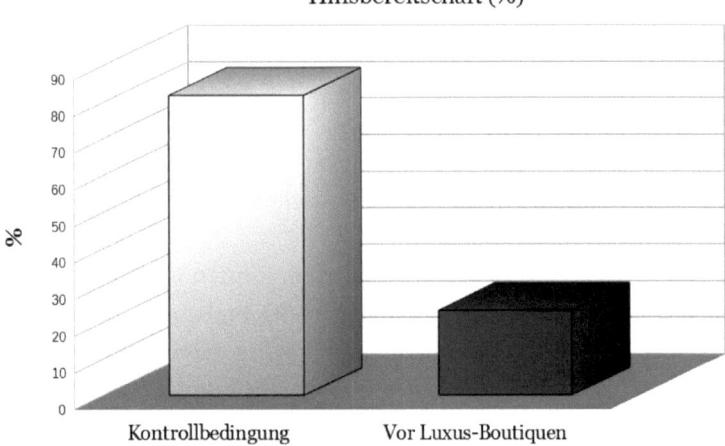

Abbildung 6.5 Basierend auf Daten von: Lamy, L., Guéguen, N., Fischer-Lokou, J., & Guéguen, J. (2016). "Wrong place to get help": A field experiment on luxury stores and helping behavior. Social Influence, 11(2), 130-139.

3. „Könnte ich bitte kurz Ihr Handy benutzen?" (*360 Versuchspersonen*)

Drei Komplizinnen des Versuchsleiters baten Fußgänger darum, ihr Handy benutzen zu dürfen:

„Entschuldigen Sie bitte. Bei meinem Handy ist der Akku leer. Könnten Sie mir Ihr Handy leihen. Ich muss meine Mutter anrufen, um mit ihr zu sprechen."

Diesmal hatten die Forscher allerdings noch eine dritte Versuchsbedingung eingeführt. Um herauszufinden, ob die verminderte Hilfsbereitschaft nur in der Nähe von Luxus-Geschäften oder auch in der Nähe von normalen Geschäften auftrat, wurden auch Passanten befragt, die sich in einem Bereich der Champs-Elysées aufhielten, in dem „normale" Geschäfte[72] ansässig waren. Wie in Abbildung 6.6 zu sehen ist, waren auch in diesem Experiment die Passanten vor den Luxus-Boutiquen deutlich weniger hilfsbereit.

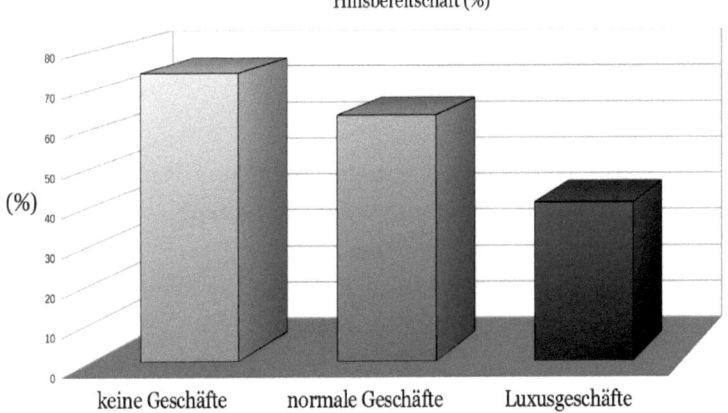

Abbildung 6.6 Basierend auf Daten von: Lamy, L., Guéguen, N., Fischer-Lokou, J., & Guéguen, J. (2016). "Wrong place to get help": A field experiment on luxury stores and helping behavior. Social Influence, 11(2), 130-139.

Die leicht verminderte Hilfsbereitschaft der Probanden, die sich vor „normalen" Geschäften aufhielten, ist schwer zu interpretieren, da das statistische Signifikanzniveau knapp verfehlt wurde.[73] Womöglich sind Passanten vor „normalen" Geschäften aber auch etwas weniger hilfsbereit als Menschen, die sich nicht vor Geschäften aufhalten.

So beeindruckend (und vielleicht auch erschreckend) die Ergebnisse dieser Experimente auch sein mögen, so lassen sie doch noch einige Fragen offen. Weitgehend unklar ist vor allem die oben bereits

---

72 Damit sind „Mittelklasse"-Geschäfte gemeint: Große Supermärkte, Bekleidungsgeschäfte, Restaurants, Kinos, Fast-Food-Restaurants.
73 Das konventionelle Signifikanzniveau liegt bei p = .05. Der p-Wert für den Vergleich der beiden Gruppen lag jedoch bei p = .07. Bei einer etwas größeren Stichprobe (und damit größerer Power) wäre der Unterschied zwischen den beiden Gruppen eventuell signifikant geworden.

kurz erwähnte Frage nach dem „Warum". Denn obwohl sich die Forscher bemüht haben, vergleichbare Probanden-Gruppen zu bilden, indem sie den räumlichen Abstand zwischen den Untersuchungs-Settings äußerst gering hielten (max. 800m in Experiment 3), ist nicht auszuschließen, dass unterschiedliche Persönlichkeitsmerkmale der Versuchspersonen-Gruppen für die gefundenen Ergebnisse verantwortlich sind. Zugespitzt ausgedrückt:

Führen Luxus-Boutiquen in der Umgebung dazu, dass sich Menschen kaltherziger verhalten?
oder:
Halten sich herzlose Probanden eher in der Nähe von Luxus-Boutiquen auf?

Deutlich pauschaler ausgedrückt, könnte man auch fragen:

Verdirbt Geld den Charakter?
oder:
Findet man Menschen mit schlechtem Charakter eher in der Nähe von Geld und Reichtum?

Tatsächlich liegen mittlerweile viele Priming-Experimente vor, die insbesondere die erste Hypothese (Geld verdirbt den Charakter) untermauern. In diesen Experimenten wurde die Aktivierung des Geld-Konzepts in den Köpfen der Versuchspersonen in der Regel durch Abbildungen von Geldscheinen, durch das Zählenlassen von Geldscheinen oder durch das Lösen von Wortsalatsätzen erreicht. Ein typischer Wortsalatsatz könnte beispielsweise lauten:

hohe - in - Sie - Profite – verdienen

Die Aufgabe der Versuchsperson besteht dann darin, aus diesen Wörtern einen sinnvollen Satz zu bilden, wobei eines der Wörter dabei weggelassen werden soll.
Eine mögliche Lösung könnte also lauten:

Sie verdienen hohe Profite.

Während in einer Kontrollgruppe nur Wortsalatsätze zu lösen sind, in denen keine geldbezogenen Inhalte thematisiert sind, werden in der Geld-Bedingung in der Hälfte der Fälle Sätze gebildet, die Konzepte wie „Profit", „Geld", „Preis", „Wirtschaft" u.ä. zum Inhalt haben. Auf diese Weise sollen auf subtilem Wege die neuronalen Netzwerke rund ums Thema Geld im Gehirn vorgeglüht werden. Die Versuchspersonen sind sich dieser Wirkung in der Regel keineswegs bewusst. Zudem teilt man ihnen anschließend mit, dass nun ein zweites, völlig unabhängiges Experiment beginnen würde[74].

In diesem zweiten Experiment wird dann untersucht, wie sich die mit „Geld" geprimten Versuchspersonen von denen der Kontrollgruppe in ihrem Verhalten unterscheiden. So konnten beispielsweise Molinsky, Grant & Margolis (2012) zeigen, dass Probanden nach einem Geld-Priming mit Wortsalatsätzen (darunter der oben genannte Beispielsatz) deutlich weniger Mitgefühl beim Überbringen schlechter Nachrichten zeigten.

Mogilner (2010) verwendete ebenfalls eine Wortsalat-Priming-Prozedur und beobachtete, dass die unbewusst evozierten Geld-Gedanken dazu führten, dass Probanden im Vergleich zu einer Kontrollgruppe weniger Lust auf soziale Kontakte hatten (sogar weniger Lust auf Sex!) und stattdessen eher arbeiten wollten. Hatten die

---

[74] Natürlich werden die Probanden im Nachhinein auch nochmal gefragt, ob sie einen Zusammenhang zwischen den beiden Experimenten vermuteten und ob sie eine Vermutung über die Forschungs-Hypothese hatten. Die (sehr wenigen) Versuchspersonen, die in der Lage sind, die Hypothese zu erraten, werden aus der Analyse ausgeschlossen.

Probanden dagegen Wortsalat-Sätze zum Thema „Zeit" lösen sollen,[75] fielen die Ergebnisse umgekehrt aus. Die Forscher vermuten, dass uns die Erinnerung daran, wie schnell die Zeit verrinnt und wie kostbar unsere Lebenszeit ist, die Pflege sozialer Beziehungen (Freunde, Familie) deutlich in den Vordergrund rücken lässt.

In einer Folgestudie (Gino und Mogilner, 2014) ließen sich ähnliche Effekte für moralisches Verhalten beobachten. Wer Wortsalatsätze zum Thema Geld gelöst hatte, schummelte in einem kurz darauf folgenden Experiment deutlich häufiger als Versuchspersonen, die zeitbezogene Sätze oder nur neutrale Sätze hatten bilden müssen (Kontrollgruppe).

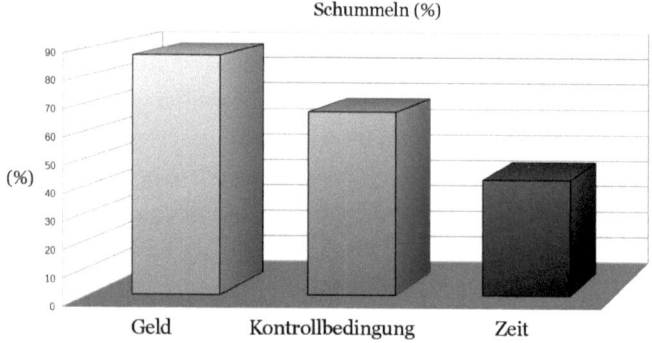

Abbildung 6.7 Basierend auf Daten von: Gino, F., & Mogilner, C. (2014). Time, money, and morality. Psychological Science, 25, 414–421.

In weiteren Experimenten mit unterschiedlichsten Priming-Prozeduren ließ sich immer wieder die antisoziale Wirkung des Geldes beobachten (siehe Tabelle auf der folgenden Seite).

In einigen der genannten Studien ließ sich antisoziales Verhalten beobachten, nachdem die Probanden Geld gezählt hatten (z.B. Gasiorowska, Zaleskiewicz & Wygrab, 2012; Zhou, Vohs, & Baumeister, 2009).

---

75 Beispiel für einen Wortsalat-Satz zum Thema Zeit: "sheets the change clock -> change the clock"; In der Geld-Gruppe wurde einfach das Wort clock durch das Wort price ersetzt: "sheets the change price. -> change the price"

(Unbewusste) Beeinflussung durch Geld

Studie	Priming-Methode	Effekt
Vohs, Mead & Goode (2006)	Wortsalatsätze	Die mit Geld geprimten Probanden waren seltener bereit, einer Studentin beim Kodieren von Daten zu helfen. Verringerte Hilfsbereitschaft war auch in drei weiteren Experimenten zu beobachten (u.a. geringere Spendenbereitschaft).
Kouchaki, M., Smith-Crowe, K., Brief, A. P., & Sousa (2013)	Wortsalatsätze	Versuchspersonen, die mit Geld geprimt worden waren, zeigten eher unethisches Verhalten und täuschten Mitspieler, um mehr Profit zu machen.
Roberts & Roberts (2012).	Die Forscher teilten Fragebögen an Schüler der 7. und 8. Klasse aus. Im unteren Bereich der ersten Seite des Fragebogens war entweder eine 100-Dollar-Note oder ein Füllhorn mit Nahrungsmitteln zu sehen.	In der Gruppe mit der 100-Dollar-Note war die Bereitschaft, für einen guten Zweck zu spenden, deutlich geringer.
Gasiorowska, Zaleskiewicz & Wygrab (2012).	Kinder (5-6 Jahre alt) sollten Münzen und Geldscheine zählen. (In der Kontrollgruppe Knöpfe und weißes Papier in der Form von Geldscheinen)	Die Versuchsleiterin bat die Kinder danach um einen Gefallen (Stifte holen). Kinder, die Geld gezählt hatten, waren weniger hilfsbereit.
Zhou, Vohs, & Baumeister (2009); Experiment 3	Die Probanden sollten Geld zählen.	Probanden, die Geld gezählt hatten, verkrafteten eine soziale Ausgrenzung bei einer Runde Cyberball besser.
Zhou, Vohs, & Baumeister (2009); Experiment 5 und 6	Die Probanden sollten über ihre finanziellen Ausgaben der letzten 30 Tage nachdenken. Es ging also um den Verlust von Geld!	Wer mit Geld-Verlust konfrontiert wurde, verkraftete soziale Ausgrenzung schlechter und empfand stärkeren physischen Schmerz, wenn er seine Hand in heißes Wasser halten sollte.
Yang, Q., Wu, X., Zhou, X., Mead, N. L., Vohs, K. D., & Baumeister, R. F. (2013)	Die Probanden sollten sauberes oder dreckiges Geld zählen.	Wer dreckiges Geld gezählt hatte, verhielt sich in der Folge egoistischer und unfairer.

Sind derartige Effekte also auch in unserem Alltag (an der Supermarktkasse oder am Geldautomaten) zu erwarten?

Guéguen und Jacob (2013) ließen eine Komplizin 100 Passanten fragen, ob sie bereit wären, an einer Umfrage zum Thema „Kinder und Autorität" teilzunehmen. Bei einer Hälfte der Passanten handelte es sich um Personen, die kurz zuvor am Geldautomaten waren. Im Vergleich zur Kontrollgruppe waren diese Passanten deutlich seltener bereit, an der Umfrage teilzunehmen (siehe Abbildung 6.8).

In einem zweiten Experiment ließ eine 3 Meter vor den Probanden herlaufende Komplizin (scheinbar aus Versehen) ihre Busfahrkarte fallen. Wenn die Versuchspersonen kurz zuvor am Geldautomaten gewesen waren, wiesen sie deutlich seltener auf das Missgeschick hin (96% vs. 60%).[76]

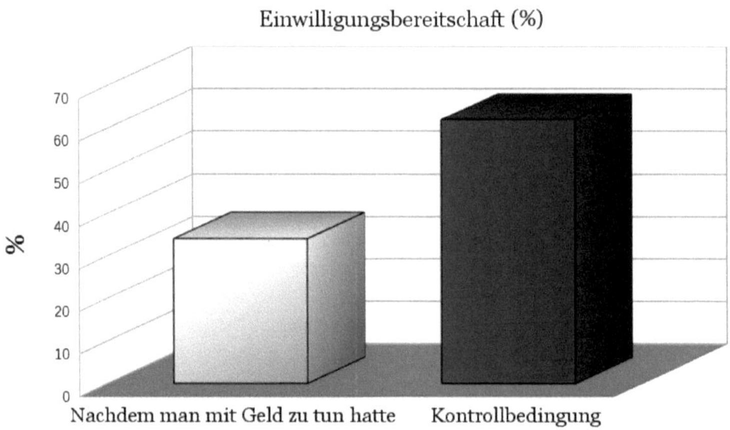

Abbildung 6.8 Basierend auf Daten von: Guéguen, N., & Jacob, C. (2013). Behavioral consequences of money: When the automated teller machine reduces helping behavior. The Journal of Socio-Economics, 47, 103–104.

---

[76] Bei Feldexperimenten dieser Art sind natürlich alternative Erklärungsansätze nicht auszuschließen. Womöglich waren die Probanden aufgrund des Blicks auf ihr Bankkonto frustriert. Vielleicht waren sie auch noch mental mit ihren Finanzen beschäftigt, weshalb sie den Verlust der Busfahrkarte gar nicht registrierten.

(Unbewusste) Beeinflussung durch Geld

Betrachtet man die Vielzahl der Forschungsbefunde, dann ist die Beweislage geradezu erdrückend: Geld fördert antisoziale Verhaltensmuster. Einfacher ausgedrückt: Geld verdirbt den Charakter.

Und wer mit viel Geld bzw. Reichtum und Luxus konfrontiert wird, dessen Charakter ist höchstwahrscheinlich besonders gefährdet.[77]

Dafür spricht auch die Beobachtung, dass Lotterie-Gewinner nach ihrem Geld-Gewinn soziale Gerechtigkeit als weniger wichtig erachten und auch eher bereit sind, rechte Parteien zu wählen. Je größer der Geld-Gewinn ausfiel, desto größer fiel auch der Rechtsruck in den Köpfen der Betroffenen aus (Powdthavee & Oswald, 2014).

Womöglich sind diese Forschungsergebnisse auch geeignet, um zu erklären, weshalb Geld kaum glücklich macht (siehe Exkurs). Denn obwohl uns manche TV-Sendung davon überzeugen möchte, dass Geld und Luxus so ziemlich das Wichtigste im Leben seien[78], ist doch all der Luxus kaum von Bedeutung, wenn man ihn nicht mit echten Freunden teilen kann. Zynischerweise scheint die antisoziale Wirkung des Geldes aber davon abzuhalten, tiefer greifende Beziehungen zu unseren Mitmenschen aufzubauen. Stattdessen reden wir uns ein, dass wir uns mit ausreichenden finanziellen Mitteln einfach Freunde oder vielleicht sogar Liebesbeziehungen kaufen können.

Dafür spricht auch die Beobachtung, dass Versuchspersonen, die Geld gezählt hatten, in der Folge eine soziale Ausgrenzung[79] besser verkrafteten (Zhou, Vohs, & Baumeister, 2009, Experiment 5). Wer dagegen an einen Verlust des eigenen Geldes erinnert wurde, indem er seine finanziellen Ausgaben der letzten 30 Tage mental Revue pas-

---

[77] Wichtig ist hierbei der Hinweis, dass es sich nur um eine erhöhte Gefahr bzw. Wahrscheinlichkeit handelt. Selbstverständlich gibt es auch Menschen mit viel Geld, die sich trotzdem sehr pro-sozial verhalten.

[78] Typische TV-Formate sind z.B Sendungen wie „Deluxe – Alles was Spaß macht" (n-tv), in denen die Superreichen von ihren fantastischen Errungenschaften (Yachten, diamantbesetzte Uhren etc.) schwärmen dürfen.

sieren lassen sollte, verkraftete die gleiche soziale Ausgrenzung deutlich schlechter und empfand deutlich mehr physischen Schmerz, nachdem er seine Hand in heißes Wasser hatte eintauchen sollen (Zhou, Vohs, & Baumeister, 2009, Experiment 5).

Exkurs: Macht Geld glücklich?

Trotz des enormen wirtschaftlichen Aufschwungs vieler Industrienationen ließ sich überraschenderweise in vielen Ländern kein nennenswerter Anstieg der Lebenszufriedenheit beobachten (Diener & Oishi, 2000). Obwohl wir heute z.B. nur noch wenige Tage arbeiten müssen, um uns einen neuen Fernseher leisten zu können (vor Jahrzehnten waren es noch mehrere Wochen!), scheinen uns die vielen materiellen Gegenstände nicht wirklich glücklicher zu machen.

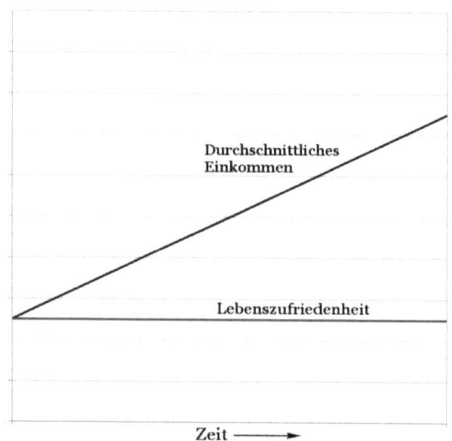

Abbildung 6.9: Obwohl in vielen Ländern das durchschnittliche Einkommen in den letzten Jahrzehnten deutlich angestiegen ist, kam es zu keinem Anstieg der Lebenszufriedenheit. (Schematische Abbildung auf Basis von Daten für mehrere Industrienationen)

---

79 Die Probanden spielten eine Runde Cyberball. Dabei handelt es sich um ein Computerspiel, bei dem man angeblich mit anderen Versuchspersonen Ball spielt. In Wirklichkeit handelt es sich aber um ein abgekartetes Spiel, welches so programmiert ist, dass man nach einiger Zeit keine Bälle mehr zugespielt bekommt (soziale Ausgrenzung).

Auch innerhalb einzelner Nationen (z.B. Deutschland) ließen sich nur verschwindend geringe Korrelationen zwischen Einkommen und Lebenszufriedenheit beobachten[80]. Mit anderen Worten: Wer in Deutschland mehr verdient, ist kaum glücklicher als jemand, der weniger verdient (Diener & Biswas-Diener, 2002).

Nennenswerte Effekte treten erst dann auf, wenn Menschen sehr arm sind und sich kaum etwas zu Essen oder zu Trinken leisten können. Dann wirkt sich Armut durchaus auf die Lebenszufriedenheit aus. Wenn jedoch die Grundbedürfnisse befriedigt sind, dann können Menschen ein sehr viel zufriedeneres Leben führen, als wir gemeinhin annehmen (Aknin, Norton & Dunn, 2009).

Aber warum führt großer Reichtum nicht zu großer Lebensfreude? Drei prominente Erklärungsansätze lauten:

a) Wer reich ist, vergleicht sich mit seinen reichen Nachbarn (Gruder, 1977; Zell & Alicke, 2010)

Reiche Menschen leben in der Regel in Luxusgegenden. Wenn alle Nachbarn eine Yacht am Pier stehen haben, ist dies kaum noch etwas Besonderes. Vielleicht ist die Yacht des Nachbarn sogar ein bisschen größer...

b) Wir gewöhnen uns schnell an den Reichtum

Natürlich machen uns Lottogewinne oder unerwartete Erbschaften für eine gewisse Zeit glücklicher (Gardner & Oswald, 2007). Genauso wie sich der Mensch jedoch an äußerst unwirtliche Situationen anpassen kann, gewöhnt er sich im Laufe der Zeit auch an ein Leben im Luxus. Eltern sollten sich daher genau überlegen, ob sie ihre Kinder schon von klein auf verwöhnen. Wer schon als Kind alles bekommt, was das Le-

---

80 Vergleicht man dagegen einzelne Nationen miteinander, dann stellt man fest, dass die Menschen der reichen Länder im Durchschnitt deutlich zufriedener sind als die Menschen armer Länder (Diener & Biswas-Diener, 2002). Grund hierfür ist aber wahrscheinlich v.a. die politische Situation innerhalb der Länder (Diktatur vs. Demokratie; Bürgerkrieg vs. Frieden).

ben zu bieten hat, wird später – wenn der „Ernst des Lebens" beginnt – Probleme haben, motivierende Ziele zu finden.

c) Unvergleichbare Momente relativieren alles (Quoidbach, 2010)

Wer z.B. schon mal ein fantastisches Drei-Sterne-Menü in der Penthouse-Suite des Four-Seasons-Hotels in New York genossen hat, wird ein Abendessen in einem „normalen" Restaurant kaum noch schätzen können.

Was auch immer die Gründe sein mögen, weshalb uns finanzieller Reichtum nicht wirklich glücklich macht, die Ergebnisse der Forschung sollten weitreichende gesamtgesellschaftliche Konsequenzen haben. Um es noch einmal auf den Punkt zu bringen:

Reiche Menschen werden durch noch mehr Reichtum kaum noch glücklicher.

aber:

Arme Menschen können durch etwas mehr Einkommen deutlich glücklicher werden.

Wenn man sich nun vor Augen führt, dass in den letzten Jahrzehnten die Kluft zwischen Arm und Reich in Deutschland[81] (und auch weltweit) immer größer geworden ist, sodass im Jahr 2015 die 62 reichsten Menschen der Welt mehr Vermögen besaßen als die Hälfte der Erdbevölkerung (3,6 Milliarden Menschen)[82], dann muss man von einem massiven Versagen der Politik sprechen.

---

81 In Deutschland besitzen die reichsten 10% mehr als 50% des gesamten Vermögens.

82 Hierbei handelt es sich um Daten der Oxfam-Studie (2016). Kritiker geben beispielsweise zu bedenken, dass es sich beim Vermögen der Superreichen ja „nur" um nicht liquide Vermögensanteile an Firmen (Aktien) handelt. Dem ist zu entgegnen, dass man Aktien verkaufen kann, und schon ist das Vermögen liquide...

Die Superreichen dieser Welt sind die Adligen von heute. Der Sohn eines Milliardärs ist der scheinbar legitime Erbe des Finanzimperiums seines Vaters, ohne etwas dafür tun zu müssen. Noch vor etwas mehr als 200 Jahren haben Menschen gegen Adel und Monarchie rebelliert. Heute bräuchte es eigentlich nur ein gerechteres Steuersystem (Erbschaftssteuer, Einkommenssteuer, Vermögenssteuer). Wie wäre es beispielsweise mit einer Begrenzung des Einkommens auf 2 Millionen Euro/Jahr? Den Superreichen macht es kaum glücklicher, wenn er statt einer Yacht, 10 Yachten im Hafen liegen hat. Von dem Geld für die 10 Yachten könnte man aber etliche Menschen aus ärmeren Verhältnissen glücklicher machen. Und letztlich würde auch der Superreiche davon profitieren, da eine gerechtere Verteilung des Wohlstands einer Radikalisierung der Bevölkerung und steigender Kriminalität und Gewalt vorbeugt.

Dies hätte den Vorteil, dass auch der Superreiche nicht um sein Leben fürchten muss, wenn er mal auf die Straße geht.

Wie sollte man sein Geld ausgeben?

Aber liefert die Forschung auch Hinweise, was der „richtige" Umgang mit Geld ist? Wie sollte man sein Geld – sofern man welches besitzt – am besten ausgeben, um ein glückliches Leben führen zu können? Kurz gesagt: Kann man Glück kaufen?

1. Erlebnisse sind besser als Gegenstände

Erinnern Sie sich bitte an zwei große Geldinvestitionen, die sie mit dem Ziel getätigt haben, glücklicher zu werden. Bei der einen sollte es sich um ein Erlebnis handeln (z.B. Weltreise), bei der anderen um einen materiellen Gegenstand (z.B. Autokauf). Welche der beiden Investitionen hat Sie glücklicher gemacht?

In einer repräsentativen Umfrage mit 1279 Teilnehmern (Van Boven & Gilovich, 2003) gab die Mehrheit der Probanden (57%) an, dass sie durch das Erlebnis glücklicher geworden seien. Demgegenüber

standen nur 34%, welche den materiellen Gegenstand für glückbringender hielten.
Forscher führen mehrere Erklärungen für dieses Ergebnis ins Feld (Dunn, Gilbert & Wilson, 2011).

a) An materielle Dinge gewöhnen wir uns sehr schnell.

b) Wir erinnern uns häufiger an Erlebnisse als an Gegenstände (Van Boven & Gilovich, 2003).

c) Erlebnisse können schlechter miteinander verglichen werden als Gegenstände (Carter & Gilovich, 2010). Wenn wir aber Dinge miteinander vergleichen, laufen wir Gefahr, unsere Entscheidung zu bereuen („Ich hätte doch eher den Toyota kaufen sollen anstelle des VWs").

d) Erlebnisse können besser mit anderen Menschen geteilt werden.

e) Materielle Dinge können kaputt gehen. Die Erinnerung an einen fantastischen Urlaub bleibt für immer.

2. Geben ist seliger denn nehmen...
In einem berühmt gewordenen Experiment (Dunn, Aknin & Norton, 2008) erhielten Versuchspersonen Brief-Umschläge mit Geld (5$ bzw. 20$). Eine Gruppe sollte das Geld für sich selbst nutzen (z.B. Rechnung bezahlen oder sich etwas gönnen). Die zweite Gruppe sollte von dem Geld entweder ein Geschenk für eine andere Person kaufen oder das Geld einer wohltätigen Organisation spenden. Wie sich herausstellte, waren jene Probanden, die ihr Geld zum Wohle ihrer Mitmenschen eingesetzt hatten, in der Folge deutlich glücklicher.

Ähnliche Effekte wurden mittlerweile vielfach beobachtet (Dunn, Aknin & Norton, 2014). Sogar Säuglingen ist anzusehen, dass es sie glücklich macht, eine Leckerei an eine Puppe zu verschenken (Aknin, Hamlin, & Dunn, 2012). Bei älteren Menschen ließen sich in ersten Experimenten sogar positive gesundheitliche Konsequenzen beobachten. Wenn man nämlich Probanden (Alter: 65+) beauftragte, Geld zu Gunsten ihrer Mitmenschen auszugeben, hatten diese in der Folge einen niedrigeren Blutdruck als Probanden einer Kontrollgruppe, welche die gleiche Summe für eigene Bedürfnisse ausgegeben hatten (Whillans, Dunn, Sandstrom, Dickerson & Madden, 2016).

Aber warum wirkt sich pro-soziales Geld-Ausgeben auf unser Wohlbefinden aus? Sind wir denn keine egoistischen Wesen? Wissenschaftler gehen davon aus, dass zwei zentrale Grundbedürfnisse des Menschen durch prosoziales Geld-Ausgeben befriedigt werden (Weinstein & Ryan, 2010):

a) **Verbundenheit:** Durch die Investition wird das fundamentale Bedürfnis nach sozialer Verbundenheit befriedigt. So zeigte sich beispielsweise in einem Experiment, dass Probanden die einen 10$-Starbucks-Gutschein erhielten und diesen einem Freund schenken sollten, glücklicher waren, wenn sie zusammen mit dem Freund dorthin gingen (Aknin, Dunn, Sandstrom & Norton, 2013).

b) **Kompetenz:** Wir wollen den Eindruck haben, dass wir durch unser Handeln etwas bewirken können. Sofern das Ergebnis einer Spende sichtbar gemacht wird, kann dadurch unser Bedürfnis nach Kompetenz befriedigt werden. Viele Spendenaktionen scheitern aber genau an diesem Punkt, da sich die Menschen fragen, was passiert eigentlich mit meinem Geld?

**Psychologie für den Alltag:
Schenken sie gemeinsame Erlebnisse!**

Was schenken Sie anderen Menschen normalerweise zum Geburtstag? Eher materielle Dinge, wie Deko-Figuren oder Küchengeräte, die dann bloß irgendwo verstauben?

Angesichts der oben genannten Forschungsergebnisse ist von solchen Geschenken eher abzuraten. Stattdessen bekommt man wahrscheinlich deutlich mehr Glück für sein Geld, wenn man eine der folgenden *gemeinsamen* Aktivitäten verschenkt:

➢ Schwimmbad-Besuch
➢ Klettern gehen
➢ Kanu-Fahren
➢ Tennis-Spielen
➢ Konzert-Besuch
➢ Badminton-Spielen
➢ Kino-Besuch
➢ Kegeln
➢ Wellness-Wochenende
➢ ...

(Unbewusste) Beeinflussung durch Geld

2. Geld erhöht die Leistungsbereitschaft.

Der Gedanke an Geld löst bei uns jedoch nicht nur antisoziale Verhaltenstendenzen aus. Im Laufe unseres Lebens haben wir gelernt, dass Geld das Belohnungsmittel schlechthin ist. Geld ist der Lohn harter Arbeit und hoher Leistungsbereitschaft[83]. In der bereits erwähnten Studie von Mogilner (2010) waren Versuchspersonen, die Wortsalatsätze zum Thema Geld hatten lösen sollen, eher bereit, soziale Kontakte zu vernachlässigen. Stattdessen wollten sie lieber arbeiten. Dieses Forschungsergebnis ist keine Eintagsfliege. Wie der folgenden Übersicht zu entnehmen ist, liegen mittlerweile viele Untersuchungen vor, in denen Geld-Priming zu erhöhter Leistungsbereitschaft und Durchhaltevermögen führte (siehe Tabelle nächste Seite).

Abbildung 6.10 Der Gedanke an Geld kann uns auch zu Höchstleistungen anspornen.

Besonders bemerkenswert ist sicherlich die Beobachtung, dass schon Kinder im Alter von 6-8 Jahren Verhaltensveränderungen aufwiesen, nachdem man sie hatte Geld zählen lassen (Trzcińska & Sekścińska, 2016). Im Vergleich zu Kindern einer Kontrollgruppe, welche Knöpfe und Papier-Zettel (in Form von Geldscheinen) hatten zählen sollen, hielten die Kinder, die Geld gezählt hatten, beim Bearbeiten einer schwierigen Puzzle-Aufgabe deutlich länger durch. In einem zweiten Experiment waren Kinder, die man über Geld hatte nachdenken lassen und die Münzen oder Geldscheine gemalt hatten, eher bereit, Belohnungen aufzuschieben (85% vs. 54%)[84].

---

83 Wie sehr die Konzepte „Geld" und „Leistung" miteinander verknüpft sind, spiegelt sich auch in unseren Assoziationen zum Thema Geld wider (siehe Seite 138).

(Unbewusste) Beeinflussung durch Geld

Studie	Priming-Methode	Effekt
Aarts, Chartrand, Custers, Danner, Dik, Jefferis, & Cheng (2005)	Wortsalatsätze	Erhöhte Geschwindigkeit beim Bearbeiten von Aufgaben
Vohs, Mead & Goode (2006)	Wortsalatsätze	Die Probanden arbeiteten an ihren Aufgaben länger, bevor sie um Hilfe baten.
Zhou, X., Vohs, K. D., & Baumeister, R. F. (2009)	Geldscheine zählen	Die Probanden fühlten sich stärker und empfanden weniger physischen Schmerz.
Boucher, H. C., & Kofos, M. N. (2012)	Wortsalatsätze	Versuchspersonen hielten bei kognitiv anstrengenden Aufgaben (Anagramme lösen, Stroop-Test) länger durch.
Trzcińska, A., & Sekścińska, K. (2016)	Münzen und Geldscheine zählen	Kinder (6-8 Jahre) hielten beim Lösen eines Puzzles länger durch.
Mukherjee, S., Manjaly, J. A., Kumar, N., & Shah, M. (2015).	Abbildungen von Geld	Erhöhte Geschwindigkeit beim Bearbeiten von Aufgaben
Sarial-Abi, G., & Vohs (2015)	Abbildungen von Geld	Verbessertes Durchhaltevermögen

---

84 Die Kinder wurden gefragt, ob sie lieber einen Sticker sofort oder doch lieber zwei Sticker am darauffolgenden Tag erhalten wollten. Dieses Versuchsdesign ähnelt den berühmten Marshmallow-Experimenten von Walter Mischel (Shoda, Mischel & Peake, 1990), in denen Kinder gefragt wurden, ob sie lieber einen Marshmallow sofort essen wollten oder doch lieber auf einen zweiten warten würden. Jene Kinder, die in der Lage waren, die Belohnung aufzuschieben, wiesen in ihrem späteren Leben bessere akademische Leistungen, Sozialkompetenzen und Problembewältigungsfähigkeiten auf.

Obwohl Kinder noch deutlich weniger Erfahrungen in Zusammenhang mit Geld sammeln konnten, sprechen diese Ergebnisse dafür, dass das Konzept „Geld" in ihren Gehirnen schon mit den Konzepten „Leistung und Selbstdisziplin" verknüpft ist. Womöglich sind es u.a. Diskussionen über den Kauf bzw. Nicht-Kauf von geliebten Süßigkeiten und Spielsachen, in denen Eltern durch Aussagen wie „Das Geld fällt nicht vom Himmel" oder „Man muss hart arbeiten, damit man sich etwas leisten kann" zur Festigung dieser Konzepte in den Köpfen der Kinder beitragen.

„Vor einem Date sollte man Geld zählen."

Unter die Rubrik „Kurios" fällt der Ratschlag einer der führenden Forscherinnen auf dem Gebiet des Geld-Primings (Kathleen Vohs). Da sich ja in Experimenten gezeigt habe, dass Geld-Priming zu mehr Selbstvertrauen, Schmerztoleranz und Resistenz gegenüber sozialer Ablehnung geführt habe, sollte man in Erwägung ziehen, vor einem Date mit der Traumfrau bzw. dem Traummann Geldscheine zu zählen. Womöglich macht dies eine potentielle Ablehnung durch den vermeintlichen Traumpartner besser verkraftbar.

Andererseits könnten jedoch auch die oben genannten „antisozialen" Tendenzen des Geld-Primings einen Strich durch die Rechnung machen. Vielleicht hat man nach dem vielen Geldzählen gar keine Lust mehr, auf das Date zu gehen, und entscheidet sich doch lieber dafür, eine Sonder-Arbeitsschicht einzulegen…

7
(Unbewusste) Beeinflussung durch Natur

Quizfrage: Welche dieser Aussagen trifft zu? (Mehrfachnennung möglich)

a) Wenn Kinder mit AD(H)S durch einen Park spazieren, sind sie in der Folge schlechter in kognitiven Tests, weil ihre Aufmerksamkeit durch die vielen Natureindrücke (Blumen, Vögel etc.) schon beansprucht wurde.

b) Wenn Frauen von Männern per Anhalter mitgenommen werden wollen, sollten sie einen Blumenstrauß in der Hand halten.

c) Wenn Männer von Frauen per Anhalter mitgenommen werden wollen, sollten sie einen Blumenstrauß in der Hand halten.

d) Wenn Frauen eine rote Blume in den Haaren tragen, hilft man Ihnen eher als wenn sie eine weiße Blume im Haar tragen.

(Auflösung Seite 214)

7.1 Natur macht uns sozialer

Während Geld also eher unsere egoistischen Charakterzüge zum Vorschein bringt, häufen sich in den letzten Jahren die wissenschaftlichen Befunde, dass schöne Naturlandschaften das Gemeinschaftsgefühl und das Mitgefühl für unsere Mitmenschen fördern können.

Wenn man Versuchspersonen beispielsweise am PC Bilder von Naturlandschaften anstelle von Stadt-Bildern zeigte, waren ihre Zukunftswünsche in der Folge deutlich pro-sozialer (gelingende soziale Beziehungen). Wünsche wie „Geld verdienen" oder „Ruhm" traten dagegen in den Hintergrund. Die Zukunftswünsche wurden auch dann pro-sozialer, wenn die Wissenschaftler den Versuchsraum mit Topfpflanzen ausgestattet hatten (Weinstein, Przybylski & Ryan, 2009).

Abbildung 7.1 Natureindrücke können uns pro-sozialer stimmen.

Aber sind solche Effekte auch im „wahren Leben" zu beobachten?

In einem genialen Experiment mit 630 ahnungslosen Versuchspersonen, die einen städtischen Park mit Bäumen, vielen Blumen und einem Brunnen durchquerten[85], hatte man eine Komplizin beauftragt, vor den Versuchspersonen herzulaufen und „aus Versehen"

---

85 Die Passanten brauchten im Durchschnitt ca. 50 Sekunden, um den Park zu durchqueren

einen Handschuh fallen zu lassen. Um die Wirkung der Natur-Eindrücke auf die Hilfsbereitschaft zu untersuchen, wurden die Probanden entweder vor oder nach Durchqueren des Parks getestet.

Wie sich Abbildung 7.2 entnehmen lässt, waren Menschen, nachdem sie kurz in die Natur „eingetaucht" waren, deutlich hilfsbereiter.

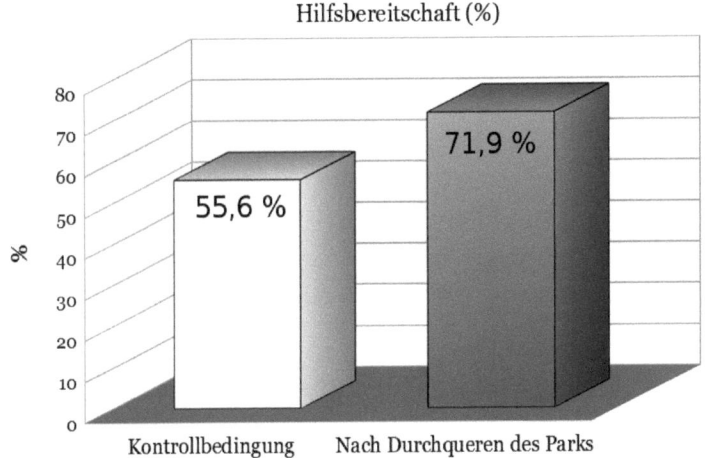

Abbildung 7.2 Basierend auf Daten von: Guéguen, N., & Stefan, J. (2016). "Green Altruism" Short Immersion in Natural Green Environments and Helping Behavior. Environment and Behavior, 48(2), 324-342.

Diese Ergebnisse ließen sich auch in einem zweiten Experiment mit weiteren 400 Passanten wiederholen (Park: 78,5%; Kontrollgruppe: 62%).

Vermutlich lösen die Natureindrücke positive Emotionen in uns aus, wodurch unsere Bereitschaft zu helfen gesteigert wird.[86] Andererseits könnten die vielen Blumen und die liebliche Stimmung im Park auch zu einer Aktivierung von kognitiven Schemata wie „Liebe" oder „Nächstenliebe" geführt und entsprechende Verhal-

---

[86] Eine Alternativerklärung könnte lauten, dass wir nach dem Durchqueren einer ruhigen Naturumgebung weniger abgelenkt sind und daher ein besseres Auge für Geschehnisse in unserer unmittelbaren Umgebung haben.

tensmuster vorbereitet haben (Priming). Für diese Hypothese spricht die Beobachtung, dass Passanten vor einem Blumengeschäft größere Hilfsbereitschaft an den Tag legen als Passanten einer Kontrollgruppe in einer normalen Wohngegend (87,5% vs. 68,7%; Lamy, Fischer-Lokou & Guéguen, 2015).

Selbstverständlich ist Natur nicht immer idyllisch und lieblich. Natur kann auch wild und bedrohlich auf uns wirken. Macht es also einen Unterschied für unser Verhalten, ob wir wunderschöne Naturlandschaften (geordnet und idyllisch) oder weniger schöne (ungepflegt und verwildert) betrachten? Tatsächlich ließ sich beobachten, dass Versuchspersonen, die idyllische Naturbilder betrachtet hatten, spendabler und kooperativer wurden (Zhang et al., 2014). Gleiches zeigte sich auch, wenn man im Versuchsraum sehr schöne (anstelle von weniger schönen) Topfpflanzen aufstellte.

7.2 Warum Sie immer einen Blumenstrauß dabei haben sollten…

Haben Sie schon mal versucht per Anhalter zu fahren? Falls ja, wissen Sie wahrscheinlich, wie frustrierend es sein kann, von etlichen Autofahrern einfach ignoriert zu werden. Besonders schlecht stehen die Chancen, mit ausgestrecktem Daumen eine Mitfahrgelegenheit zu finden, für Männer. Denn zum einen nehmen männliche Autofahrer lieber Frauen per Anhalter mit (fast doppelt so häufig; Guéguen et al, 2012), zum anderen nehmen auch Frauen fast nie männliche Anhalter mit, weil sie wahrscheinlich gewalttätige Übergriffe fürchten.

Wie französische Forscher in einem Experiment mit 2000 Autofahrern herausfanden, können Männer jedoch ihre Chancen. von einer weiblichen Autofahrerin mitgenommen zu werden, um das Achtfache steigern, wenn sie einen Blumenstrauß in der Hand halten (siehe Abbildung 7.3). Wenn dagegen eine weibliche Anhalterin einen Blumenstrauß in der Hand hielt, führte dies weder bei männlichen noch bei weiblichen Autofahrern zu erhöhter Hilfsbereitschaft. Vermutlich löst ein Blumenstrauß in den Händen eines Mannes deutlich romantischere Assoziationen aus als in den Händen einer Frau.[87] Diese Aktivierung des Konzepts „Liebe" könnte auch zu mehr Nächstenliebe geführt haben. Womöglich wirkt aber ein Mann mit einem Blumenstrauß einfach weniger bedrohlich.

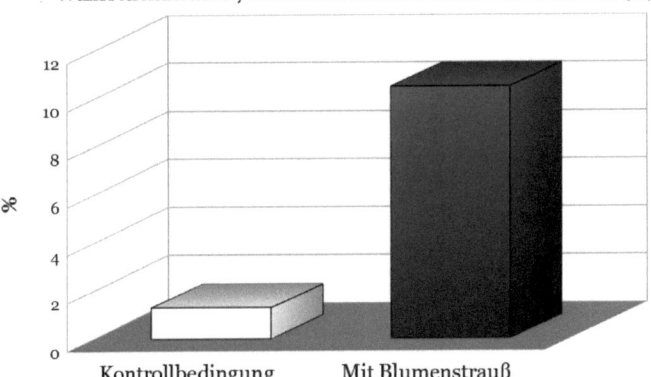

Abbildung 7.3 Basierend auf Daten von: Guéguen, N., Meineri, S., & Stefan, J. (2012). " Say it with Flowers"... to Female Drivers: Hitchhikers Holding Flowers and Driver Behavior. North American Journal of Psychology, 14(3), 623.

Auch in anderen Situationen kann es von Vorteil sein, einen Blumenstrauß dabei zu haben. Guéguen, Stefan & Ruiz (2015) beauftragten mit einem Blumenstrauß ausgestattete Komplizen/-innen, „aus Versehen" ein Kreditkarten-Etui fallen zu lassen. Würde eine hinter ihnen laufende Versuchsperson auf das Missgeschick hinweisen? Im Vergleich zu den Kontrollgruppen, in denen die Probanden entweder ein T-Shirt (neutrales Objekt) oder gar nichts in der Hand hielten, waren die Versuchspersonen deutlich hilfsbereiter (siehe Abbildung 7.4).

---

[87] Schließlich sind es in den meisten schnulzigen Hollywood-Filmen auch die Männer, die den Frauen einen Blumenstrauß überreichen.

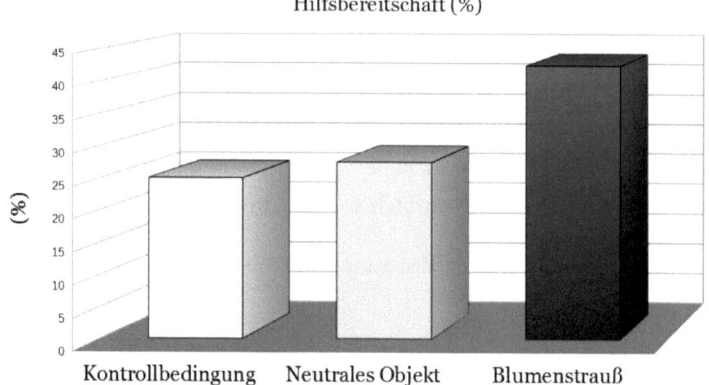

Abbildung 7.4 Basierend auf Daten von: Guéguen, N., Stefan, J., & Ruiz, C. (2015). Carrying Flowers on a City Street Increases Others' Spontaneous Helping Behavior. Ecopsychology, 7(3), 153-159.

Womöglich ist es Ihnen auch schon mal passiert, dass Sie an einem Zebrastreifen von einem Autofahrer fast überfahren worden wären. Denn obwohl Autofahrer gesetzlich dazu verpflichtet sind, Fußgänger am Zebrastreifen passieren zu lassen, sind doch viele nicht gewillt, einmal kurz abzubremsen. Auch hier kann ein Blumenstrauß wahre Wunder wirken. Dies ließ sich in zwei Experimenten mit insgesamt 1320 Autofahrern beobachten (Guéguen, Stefan & Ruiz, 2015). Hatten die Komplizen und Komplizen/-innen des Versuchsleiters einen Blumenstrauß in der Hand, war die Bereitschaft anzuhalten deutlich höher (34,1%), als wenn die Komplizen ein T-Shirt (19,6%) oder eine Topfpflanze dabei hatten (21,8%).

7.3 Frauen mit Blumen im Haar haben Vorteile…

Während insbesondere Männern mit Blumensträußen mehr Hilfsbereitschaft entgegengebracht wird, könnten Frauen auf eine andere Weise von der Symbolkraft der Blumen profitieren. Alles, was sie dafür tun müssen, ist, sich eine Blume ins Haar zu stecken.

Wie effektiv diese Vorgehensweise sein kann, ließ sich in einem Feldexperiment beobachten, in dem eine Komplizin 240 Passanten auf der Straße um einen Gefallen baten (Stefan & Guéguen, 2014):

„Entschuldigen Sie bitte. Können Sie mir vielleicht einen Euro geben, damit ich mit dem Bus fahren kann?"

Wenn die Komplizin dabei eine rote, künstliche Rose in den Haaren trug, waren 76,7% der Passanten bereit, ihr den Euro für die Busfahrt zu geben. In einer Kontrollbedingung ohne Haarschmuck waren es dagegen nur 50,8%.

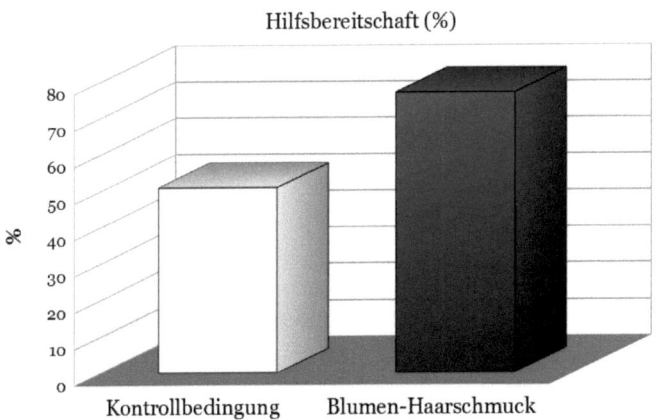

Abbildung 7.5 Basierend auf Daten von: Stefan, J., & Guéguen, N. (2014). Effect of hair ornamentation on helping. Psychological reports, 114(2), 491-495.

In weiteren Experimenten ließ sich die Wirksamkeit des Blumen-Haarschmucks bestätigen. So bat man beispielsweise 480 Passanten an einer kurzen Umfrage teilzunehmen (Stefan, Jacob & Guéguen, 2015). Trug die Fragestellerin dabei keine Blume im Haar, waren nur 30,6% bereit, an der Umfrage teilzunehmen. Wenn sie dagegen eine rote Rose in den Haaren trug, lag die Teilnahmebereitschaft bei 47,5%. Keinen statistisch nennenswerten Unterschied machte es dagegen, wenn anstelle der Rose eine künstliche rote Rose getragen wurde (46,3%).

Ebenfalls irrelevant scheint die Farbe des floralen Haarschmucks zu sein (Guéguen, Stefan, Jacob & Sobecki, 2014)[88].

Bereitschaft an einer Umfrage teilzunehmen		
keine Blume	weiße Blume	rote Blume
40,30%	55,00%	56,70%

Interessanterweise stellte sich zumindest in einem Feldexperiment mit Kellnerinnen eines Restaurants heraus, dass es (zumindest in dieser Umgebung) gar nicht so wichtig war, was die Frauen im Haar trugen. Im Vergleich zu einer Kontrollbedingung, in der sie nichts in den Haaren trugen, erhielten sie sowohl mehr Trinkgeld, wenn sie eine (unechte) Blume, Feder-Haarschmuck oder einen dekorativen Johannisbeer-Zweig in den Haaren trugen (Jacob, Guéguen & Delfosse, 2012).[89]

	Durchschnittliches Trinkgeld (in Euro)			
	Blume	Federschmuck	Johannisbeer-Zweig	Kontrollbedingung
männliche Kunden	1,35 Euro	1,28 Euro	1,29 Euro	1,05 Euro
weibliche Kunden	1,05 Euro	1,10 Euro	1,12 Euro	0,92 Euro

7.4 In der Nähe von Blumen lässt es sich leichter flirten

Gedankenlese-Experiment: Stellen Sie sich vor, ein gut gekleideter Mann betritt ein Appartement-Gebäude. Er geht die Treppen hinauf, bis er im sechsten Stockwerk angekommen ist. Dort klopft er an eine Wohnungstür. In seinen Händen hält er einen Strauß Blumen. Um welche Blumensorte handelt es sich? Und welche Farbe haben die Blumen? (Meine Vorhersage finden Sie in der Fußnote[90])

---

88 In dieser Studie hatte man 360 männliche Passanten um die Teilnahme an einer kurzen Umfrage gebeten.
89 Versuchspersonen waren insgesamt 665 Restaurant-Gäste.
90 Obwohl es fast unzählige Blumensorten gibt, haben Sie wahrscheinlich an **rote Rosen** gedacht.

Kaum etwas steht so sehr für das Konzept „romantischer Liebe" wie ein Strauß roter Rosen. Ob in der Weltliteratur oder in Hollywoodfilmen: Das Bild des Mannes, der eine Frau mit Rosen (zurück-)gewinnen will, hat sich tief in unser Bewusstsein eingebrannt. Die enge Verknüpfung der Konzepte „Rote Rosen" und „Liebe" in unserem Gehirn könnte dazu führen, dass wir schneller romantische Gefühle für einen Partner haben, wenn sich beim Erstkontakt zufälligerweise rote Rosen in der Umgebung befinden.

Da man in der Wissenschaft aber ungern auf Zufälle wartet, präparierte Guéguen (2011) einen Versuchsraum mit drei Blumensträußen (10 Rosen, 15 Ringelblumen, 15 Gänseblümchen). Die Aufgabe der weiblichen Versuchspersonen war es, sich ein 5-minütges Video anzuschauen, in dem ein junger Mann über seine Essgewohnheiten interviewt wurde. Nachdem die Frauen sich das Video angeschaut hatten, wurden sie unter anderem gefragt, wie attraktiv und sexy sie den Mann im Video fanden. Im Vergleich zu einer Kontrollbedingung, in der man keine Blumen im Versuchsraum aufgestellt hatte, wurde der Mann als sexuell attraktiver wahrgenommen und die Frauen gaben auch öfter an, sich ein Date mit ihm vorstellen zu können.

Abbildung 7.6 Rosen in der Umgebung könnten die Flirt-Bereitschaft steigern.

Aber führen Blumen in der Umgebung nur zu einer kurzfristigen Einstellungsänderung oder auch zu Veränderungen auf der Verhaltensebene?

Um dies zu untersuchen, ließen die Forscher 64 Single-Frauen zuerst in einem Zimmer mit Blumen ein Video schauen. In der Folge wurde Ihnen ein Versuchspartner namens Antoine vorgestellt. Hierbei handelte es sich jedoch (mal wieder) um einen Verbündeten des Versuchsleiters, der beauftragt worden war, in einer Pause des Experiments die Single-Frauen um ein Date zu bitten[91]:

„Mein Name ist Antoine. Du scheinst sehr nett zu sein. Ich frage mich, ob du mir Deine Telefonnummer geben würdest. Ich könnte dich dann anrufen und wir könnten nächste Woche irgendwo was zusammen trinken gehen."

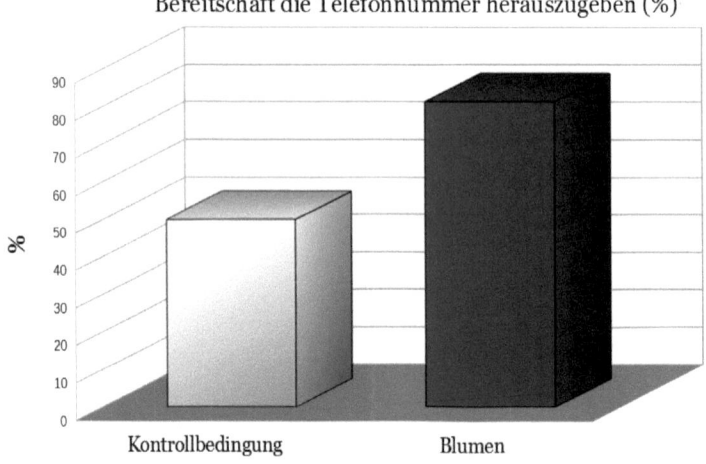

Abbildung 7.7 Basierend auf Daten von: Guéguen, N. (2011). "Say it with flowers": The effect of flowers on mating attractiveness and behavior. Social Influence, 6(2), 105-112.

---

91 Der Verbündete des Versuchsleiters (Antoine) wurde nicht darüber informiert, welche der Probandinnen zuvor unter „Blumen-Einfluss" gestanden hatte. Dadurch kann ausgeschlossen werden, dass er sich (un-)absichtlich anders verhielt.

(Unbewusste) Beeinflussung durch Natur

Wie man in Abbildung 7.7 sieht, war die Erfolgsquote 30% höher, wenn sich die Single-Frauen zuvor in einem mit Blumen präparierten Zimmer aufgehalten hatten.

Entfalten Blumen ihre romantische Wirkung auch außerhalb des Versuchslabors? Die französischen Forscher (Guéguen, 2012) ließen fünf attraktive Komplizen insgesamt 600 Frauen entweder vor einem Blumengeschäft, einer Kuchenbäckerei oder vor einem Schuhgeschäft um ein Date bitten:

„Hallo. Mein Name ist Antoine. Ich möchte dir nur sagen, dass ich dich wirklich hübsch finde. Ich muss jetzt gleich zur Arbeit, aber ich frage mich, ob du mir deine Telefonnummer geben würdest. Ich ruf dich dann später an und wir können irgendwo was zusammen trinken gehen."

Während vor dem Schuhgeschäft nur jede neunte Frau bereit war, ihre Telefonnummer weiterzugeben, waren es vor dem Blumengeschäft mehr als doppelt so viele (siehe Abbildung 7.8). Fast jede vierte angesprochene Frau ging hier auf die Anfrage des „Verehrers" ein.

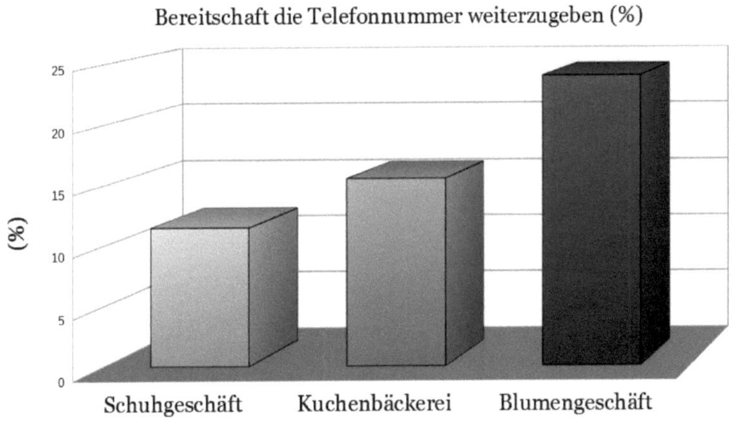

Abbildung 7.8 Basierend auf Daten von: Guéguen, N. (2012). "Say it... Near the Flower Shop": Further Evidence of the Effect of Flowers on Mating. The Journal of social psychology, 152(5), 529-532.

Zudem war die Erfolgsquote vor dem Blumengeschäft auch deutlich höher als vor der Kuchenbäckerei. Somit geht die Wirkung der Blumen wahrscheinlich über den angenehmen Duft von Torten und anderen Backwaren hinaus (siehe Kapitel 5.8). Stattdessen führen die Blumen in der Umgebung wohl eher zu einer Vor-Aktivierung des Konzepts „Liebe" in unserem Gehirn (Priming). Auf Verhaltensebene äußert sich dies wahrscheinlich mit ausgeprägterem Balzverhalten.

7.5 Natur und Gesundheit

Im Zuge der Industrialisierung hat sich das Gesicht unserer Erde drastisch und rasant geändert. Wo einst Wiesen, Wälder, Seen und Vogelgezwitscher waren, ist heute Beton, Asphalt, Smog und Straßenlärm. Es wäre sicherlich töricht anzunehmen, dass sich unser Körper, der sich im Laufe der Evolution an ein Leben im Einklang mit der Natur gewöhnt hat, ohne Probleme an diese Bedingungen anpassen könnte.

Vor diesem Hintergrund sind die Ergebnisse einer gigantischen Studie mit 350.000 Versuchspersonen nicht allzu überraschend: Es ließ sich nämlich beobachten, dass viele Erkrankungen in besonders grünen Wohngegenden (90% Grünanteil) seltener auftraten als in Gegenden, in denen im 1-Kilometer-Radius nur ca. 10% der Umgebung mit Pflanzen bedeckt waren (Maas et al., 2009; siehe Tabelle).[92]

---

[92] Selbstverständlich kann bei dieser Art der Untersuchung nicht ausgeschlossen werden, dass auch andere Faktoren für den gefundenen Zusammenhang zwischen Grünflächen und Erkrankungen verantwortlich sein könnten. So könnten sich reiche Menschen z.B. größere Gärten leisten und auch eine bessere Ernährung/medizinische Versorgung. Die Forscher der Studie hatten aber den Faktor sozioökonomischer Status statistisch kontrolliert.

	wenig Grünfläche (10%)	viel Grünfläche (90%)
Starke Rückenschmerzen	99,2	65,8
Depression	32	24
Angststörungen	26	18
Infektion der oberen Luftwege	84	68
Migräne	40	34

Erklärung: Erkrankungen pro 1000 Einwohner.

Angesichts der positiven Auswirkungen von Natur auf unseren Körper wurde von japanischen Forschern die „Wald-Therapie" entwickelt. Hierbei sollen die Klienten geradezu im Wald „baden" und die Atmosphäre des Waldes aufsaugen. Dahinter verbirgt sich allerdings nichts anderes als eine Reihe von Waldspaziergängen und kontemplativen Sitzungen, in denen man die Wald-Atmosphäre auf sich wirken lässt. Mittlerweile liegen viele Untersuchungen zum „Wald-Baden" (japanisch: Shinrin-yoku) vor (Park, Tsunetsugu, Kasetani, Kagawa, Miyazaki, 2010). Die positiven Effekte reichen von einer Senkung des Blutdrucks und geringeren Stresssymptomen, über das Gefühl, sich wacher und energiegeladener zu fühlen bis hin zu einer Vermehrung der natürlichen Killerzellen, die u.a. zur Bekämpfung von Krebszellen benötigt werden (Li et al., 2009; Park et al., 2007). In neueren Untersuchungen hat sich zudem gezeigt, dass manche gesundheitlich relevanten Effekte auch dann schon erzielt werden können, wenn man einen schönen städtischen Park durchschreitet (Song et al., 2015)[93] oder einfach nur für 15 Minuten auf einem Campingstuhl eine schöne Naturlandschaft betrachtet (Tsunetsugu, 2013).

Dass es womöglich schon ausreicht, einen Ausblick ins Grüne zu haben, ließ sich auch schon in einer älteren Studie mit 2.648 Gefängnisinsassen beobachten (Moore, 1981). Jene Häftlinge, die auf einen Bauernhof oder ein nahegelegenes Waldstück schauen konnten, baten deutlich seltener um medizinische Versorgung als Insassen, deren Gefängniszellen nur einen Fensterblick ins Innere der Haftanstalt erlaubten.

---

93 Die Kontrollgruppe lief eine gleich lange Strecke, aber durch die Innenstadt.

Und was ist, wenn man sich einfach Pflanzen in die Wohnung oder ins Büro stellt? Sind dann auch schon positive Effekte zu erwarten? Fjeld (2000) stellte Topfpflanzen in drei unterschiedlichen Umgebungen auf:

a) Büros

b) in der Radiologie einer Klinik

c) in einem Klassenzimmer

Im Vergleich zu Kontroll-Räumen, in denen man keine Pflanzen aufgestellt hatte, wurden deutlich weniger Erkrankungen (z.B. Kopfschmerzen) registriert. Zudem fühlten sich die Arbeiter und Schüler deutlich weniger müde. In einer späteren Untersuchung mit 76 Schülern (8.Klasse) ließ sich zudem beobachten, dass Pflanzen im Klassenzimmer nicht nur zu einer Reduktion der krankheitsbedingten Fehlzeiten führten, sondern auch weniger Klassenbucheinträge aufgrund von Fehlverhalten verzeichnet wurden (Han, 2008).

7.6 Weniger Schmerzmittel durch Natur? - Die heilende Kraft der Natur

Aber was ist, wenn es uns dann doch mal erwischt hat und wir ins Krankenhaus müssen? Die sterile und trostlose Atmosphäre vieler Krankenhäuser ist ganz sicher nicht jedermanns Sache und wirkt dem Heilungsprozess eher entgegen. Um die Situation freundlicher zu gestalten, stellten Park und Mattson (2008) in den Krankenzimmern von Patienten, die eine Blinddarm-Operation hinter sich hatten, jeweils 12 Topfpflanzen auf. Die Ergebnisse dieser kostengünstigen Intervention waren beeindruckend. Im Vergleich zu Patienten, denen man keine Pflanzen ins Zimmer gestellt hatte, berichteten die Patienten von weniger Schmerzen, weniger Angstzuständen und geringerer Erschöpfung. Zudem wiesen Sie bessere Gesundheitswerte auf (Blutdruck, Puls) und brauchten weniger Schmerzmittel. Diese Ergebnisse ließen sich in einem zweiten Experiment mit 80 Frauen, die an der Schilddrüse operiert worden waren, weitgehend replizieren (Park & Young, 2009).

Falls Sie jedoch in einem Krankenhaus landen sollten, in dem es überhaupt keine Topfpflanzen in den Krankenzimmern geben sollte, könnten Sie zumindest um ein Zimmer mit Ausblick in die Natur bitten. Denn wie manche Untersuchungen nahelegen (Raanaas, Patil & Hartig, 2012; Ulrich, 1984), könnte dies ebenfalls dazu beitragen, dass Sie bessere Gesundheitswerte aufweisen und weniger Schmerzen empfinden.

Falls sich das Krankenhaus jedoch mitten in der Stadt befinden sollte und somit nur den Blick auf karge Häuserwände bietet, bleibt noch eine Option, die von Diette und Kollegen (2003) erprobt wurde:

Die Forscher boten Patienten an, sich während einer schmerzhaften Endoskopie der Bronchien, ein Landschaftsbild (mit einer Berglandschaft, einem Fluss und Wiesen) anzuschauen. Darüber hinaus durften sie über einen Kopfhörer Naturgeräusche (Vogelgezwitscher, plätscherndes Wasser) hören. Im Vergleich zu einer Kontrollgruppe hatten die Patienten deutlich weniger unter der Prozedur gelitten. Zudem waren sie auch eher bereit, die Bronchoskopie in Zukunft nochmals über sich ergehen zu lassen. Wahrscheinlich gelang es den Patienten mithilfe der angenehmen Natureindrücke besser, sich von den Schmerzen der Untersuchung abzulenken[94].

Dass wir weniger Schmerzen empfinden, wenn es uns gelingt, unsere Aufmerksamkeit zu zerstreuen, ist sicherlich keine neue Erkenntnis. Vermutlich geht die Wirkung von Natureindrücken aber über die reine Ablenkung hinaus. Dafür sprechen zumindest die Ergebnisse eines Experiments, in dem 198 Probanden aufgefordert

---

94 Die Ablenkung des Geists von den unangenehmen und schmerzhaften Gefühlen spielt auch bei Hypnose-Interventionen, die z.B. bei Zahnbehandlungen eingesetzt werden, eine große Rolle.

wurden, ihre Hand in eiskaltes Wasser zu halten. In einer Versuchsbedingung hatte man im Versuchsraum mehrere Topfpflanzen (Philodendron, Bambus-Palme, Pfennigkraut etc.) aufgestellt. Bei einer anderen Gruppe von Probanden hatte man stattdessen Deko-Artikel (Tischlampe, Bild, Wetterstation etc.) aufgestellt und in einer dritten Versuchsbedingung blieben die entsprechenden Stellen des Zimmers leer. Wie man in Abbildung 7.9 erkennen kann, waren deutlich mehr Probanden in der Lage, den Schmerzen zu widerstehen und ihre Hand für 5 Minuten in dem eiskalten Wasser zu lassen, wenn sich Pflanzen im Raum befanden.

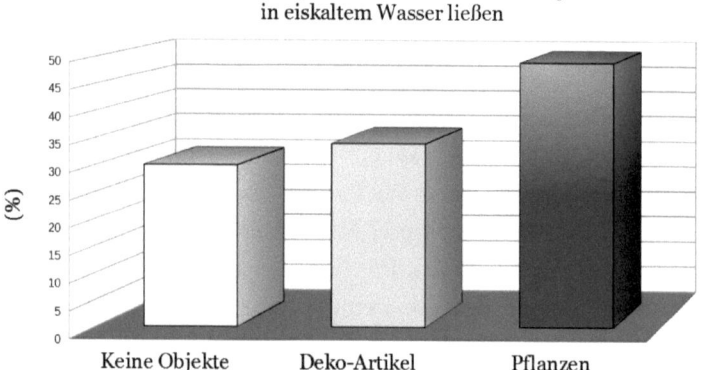

Abbildung 7.9 Basierend auf Daten von: Lohr, V. I., & Pearson-Mims, C. H. (2000). Physical discomfort may be reduced in the presence of interior plants. HortTechnology, 10, 53–58.

7.7 Natur als Koffein-Ersatz? - Natürliches Hirndoping

In vielen der bisher genannten Studien berichteten Versuchspersonen davon, dass sie sich unter Einfluss der Natureindrücke weniger müde und energielos gefühlt hätten. Tatsächlich sprechen einige Forschungsbefunde dafür, dass uns das Betrachten schöner Naturlandschaften ähnlich aufputschen kann wie eine Tasse Kaffee, – und zwar ganz ohne Nebenwirkungen (Berman, Jonides & Kaplan, 2008; Berto, 2005; Gamble, Howard & Howard, 2014). Hierzu passen auch die Ergebnisse einer norwegischen Studie (Bringslimark, Hartig & Patil, 2007), in der man einen Zusammenhang zwischen der Anzahl der Pflanzen im Büro und der Produktivität der Arbeiter fand.[95]

Manche Wissenschaftler gehen sogar noch weiter und erwägen Spaziergänge im Grünen als Therapiemaßnahme bei Kindern mit AD(H)S. So begleiteten beispielsweise Taylor und Kuo (2009) AD(H)S-Kinder bei einem 20-minütigen Spaziergang durch einen Park. In der Folge sollten die Kinder eine Arbeitsgedächtnisaufgabe bearbeiten, welche häufig eingesetzt wird, um eine Aufmerksamkeitsstörung zu diagnostizieren. Diese Aufgabe (Digit-Span-Backwards) verlangt es, sich eine Reihe von Zahlen zu merken (z.B. 6-5-2-9-7-3) und diese dann in umgekehrter Reihenfolge wiederzugeben.

Wenn Sie wollen, können Sie das an dieser Stelle selbst ausprobieren. Schauen Sie sich die oben genannten Zahlen für 5 Sekunden an, verdecken Sie dann die Zahlen mit der Hand und versuchen Sie die Zahlen rückwärts aufzusagen.

Wie Abbildung 7.10 zu entnehmen ist, schnitten die Kinder nach dem Parkspaziergang im Digit-Span-Backwards-Test deutlich besser ab, als wenn man mit ihnen durch die Innenstadt oder durch eine Wohngegend gelaufen war. Man kann nur staunen: Die Größe des Effekts ist vergleichbar mit der Wirkung von AD(H)S-Wirkstoffen wie Methylphenidat.

---

95 Zudem ließ sich auch feststellen, dass die Pflanzen im Büro auch mit weniger krankheitsbedingten Ausfällen einhergingen. Die Effekte waren nicht sonderlich groß, aber da viele Menschen von dieser Maßnahme profitieren könnten (praktisch jeder Büroangestellte), sind sie doch bedeutsam.

(Unbewusste) Beeinflussung durch Natur

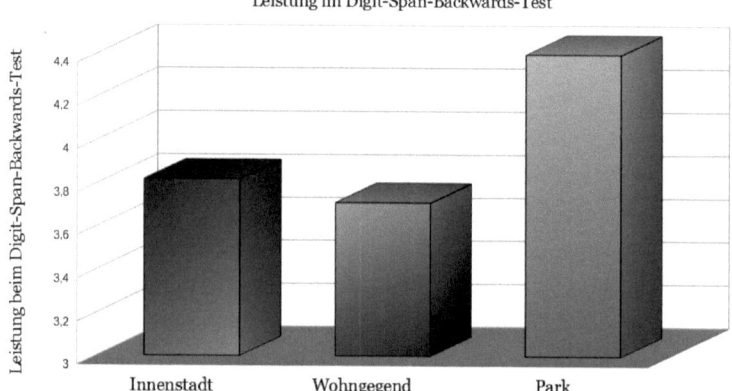

Abbildung 7.10 Basierend auf Daten von: Taylor, A. F., & Kuo, F. E. (2009). Children with attention deficits concentrate better after walk in the park. Journal of attention disorders, 12(5), 402-409.

Auch ein Umzug in eine grünere Umgebung könnte sich positiv auf die Konzentrationsleistungen von Kindern auswirken[96]. Dies legen zumindest die Ergebnisse einer Untersuchung von Wells (2000) nahe, in der man feststellen konnte, dass Kinder, die nach dem Umzug ein Zimmer mit mehr Ausblick ins Grüne bekommen hatten, besser in Aufmerksamkeitstests abschnitten.

Aber warum scheint unser Gehirn nach dem Betrachten von idyllischen Naturlandschaften besser zu funktionieren? Obwohl die Effekte mit denen von Koffein oder Methylphenidat vergleichbar sind, liegen ihnen wahrscheinlich gänzlich unterschiedliche Wirkmechanismen zugrunde. Denn während Hirndoping-Mittel stimulierend wirken, geht man davon aus, dass Natureindrücke eher zu einer Erholung von Aufmerksamkeitsressourcen führen (Kaplan, 1995). Denn im Gegensatz zu den alltäglichen, stresserzeugenden Stimuli

---

[96] Natürlich sollte aber niemand allein deswegen umziehen. Das Kind aus seinem gewohnten sozialen Umfeld herauszureißen kann natürlich auch zu Problemen führen. Wer aber eh umziehen muss/will, könnte bei der Wohnungssuche darauf achten, ob es in der nächsten Umgebung Grünflächen gibt.

des Stadtlebens (Verkehrslärm, Werbebotschaften etc.) müssen wir keine (bzw. weniger) kognitive Energie aufbringen, um potentielle Gefahrenquellen (Verkehr, andere Menschen) zu bewerten und kognitiv zu unterdrücken. Diese „gesparten" Aufmerksamkeitsressourcen stehen in der Folge für das Lösen von schwierigen geistigen Herausforderungen zur Verfügung. Darüber hinaus lösen faszinierende Bilder von lichtdurchfluteten Wäldern, Gebirgsseen oder Sonnenuntergängen in uns angenehme und entspannende Gefühle aus, wodurch unsere geistige Erholung wahrscheinlich zusätzlich begünstigt wird.

Insofern handelten viele Denker und Philosophen im Einklang mit der heutigen Forschung, wenn sie die Nähe zur Natur suchten. Womöglich hätten einige bahnbrechenden Ideen und Erkenntnisse niemals oder erst später das Licht der Welt erblickt, wenn nicht manch ein Denker hin und wieder den Trubel der Stadt verlassen hätte und beim Betrachten der Natur seinen Gedanken freien Lauf gelassen hätte. Denn wie Forschungsergebnisse nahelegen, können Ausflüge in die Natur auch unsere Kreativität beflügeln. Psychologen der Universitäten Kansas und Utah (Atchley, Strayer & Atchley, 2012) testeten beispielsweise die Leistungen im kreativen Schlussfolgern von Probanden, die einen 3-Tages-Trip in die Natur gemacht hatten und während dieser Zeit auch gänzlich auf Smartphone und Co. verzichtet hatten. Im Vergleich zu einer Kontrollgruppe, die man vor dem Antritt der Reise testete, schnitten die Natur-Urlauber nach ihrer Reise um 50% im kreativen Problemlösen besser ab.

Aus eigener Erfahrung:
Das Schreiben wissenschaftlicher Bücher ist eine kognitiv herausfordernde Tätigkeit. Ein bisschen „Natur-Hirndoping" kann dabei nicht schaden. Daher sitze ich, während ich diese Zeilen schreibe, in der Universitätsbibliothek, welche durch große Fenster den Blick ins Grüne ermöglicht. An besonders heißen Sommertagen

> werden die Fenster jedoch automatisch mit grauen Jalousien verdunkelt, um eine übermäßige Erwärmung der Innenräume zu verhindern. An diesen Tagen tue ich mir beim Schreiben tatsächlich schwerer. Immerhin bleibt dann immer noch der gelegentliche Blick auf wunderschöne Naturlandschaften im Internet. Wer bei Youtube beispielsweise „beautiful nature" eingibt, wird schnell fündig. Die Hintergrundbilder meines Desktops sind natürlich auch allesamt idyllische Naturbilder...

7.8 Natur gegen die Depression?

Es ist kein Geheimnis, dass es in Städten höhere Verbreitungsraten psychischer Erkrankungen gibt als in ländlichen Gebieten. Analysen von qualitativ hochwertigen Studien seit 1985 ergaben, dass die Wahrscheinlichkeit an einer affektiven Störung (z.B. Depression) zu erkranken, in Städten um 39% erhöht ist. Zudem scheint auch die Gefahr, an einer Angststörung zu erkranken, um 21 % höher zu sein (Peen, Schoevers, Beekman & Dekker, 2010).

Selbstverständlich spielen hier neben dem Mangel an Grünflächen noch andere Faktoren eine große Rolle – wie z.B. Stress aufgrund höherer Bevölkerungsdichte. White, Alcock, Wheeler und Depledge (2013) setzen die stabilisierende Wirkung von Grünflächen auf unsere mentale Gesundheit in Relation zu anderen bekanntermaßen positiven Faktoren wie Ehe oder Arbeit. Ihren Daten zufolge entspricht die schützende Wirkung von Grünflächen etwa zu 35% dem Effekt des Verheiratet-Seins und zu 12% dem Effekt, einen Job zu haben[97].

Einige Psychologen haben daher begonnen, Natureindrücke gezielt in den Therapieprozess miteinzubeziehen. Berman und Kolle-

---

97 Arbeitslose Menschen sind deutlich häufiger von psychischen Erkrankungen betroffen. Arbeit stiftet Sinn und bietet wichtige soziale Kontakte.

gen (2012) ließen beispielsweise an Depression erkrankte Menschen durch einen Park schlendern (Dauer: 50-55 Minuten). Verglichen mit einem gleich lang andauernden Spaziergang durch die Innenstadt führte der Park-Spaziergang zu besserer Stimmung und verbesserten kognitiven Leistungen. Zu einem ähnlichen Ergebnis kamen auch Barton und Petty (2010), als sie 10 Interventionsstudien mit insgesamt 1252 Versuchspersonen analysierten. Körperliche Betätigungen im Grünen (Gartenarbeit, Wandern, Fahrradfahren, Reiten, Fischen, Boot fahren) führten nicht nur zu gehobener Stimmung, sondern auch zu einem besseren Selbstwertgefühl. Besonders bemerkenswert: Bei Menschen mit psychischen Problemen waren die Interventionen am effektivsten.

Angesichts dieser Ergebnisse stimmt es bedenklich, dass die Landflucht immer weiter zunimmt. Schon heute leben weltweit mehr als 50% der Menschen in Städten (Turner, Nakamura & Dinetti, 2004). Im Jahr 2050 könnten es bereits 70% sein (Dye, 2008). Bleibt nur zu hoffen, dass es Städteplanern und Architekten gelingt, inmitten der brummenden Metropolen Refugien der Natur zu erschaffen.[98]

---

98 Dieser Abschnitt soll aber keineswegs als Plädoyer für ein Leben in der absoluten Abgeschiedenheit der Natur interpretiert werden. Der Mensch ist ein soziales Wesen. Einsamkeit und Isolation führen mit hoher Wahrscheinlichkeit auch in die Depression. Ideal wäre ein gutes Gleichgewicht zwischen sozialen Angeboten und Natur.

8
(Unbewusste) Beeinflussung durch Wetter

Quizfrage: Welche dieser Aussagen trifft zu? *(Mehrfachnennung möglich)*

a) An sonnigen Tagen stehen die Chancen besser, dass Frauen sich auf ein Date einlassen.

b) An sonnigen Tagen erhalten Kellnerinnen deutlich mehr Trinkgeld.

c) An sonnigen Tagen ist es schwerer, eine Mitfahrgelegenheit zu bekommen, da Autofahrer vom Sonnenlicht geblendet werden und den Anhalter schlechter sehen.

(Auflösung Seite 215)

8.1 Flirten bei Sonnenschein

Vor einigen Jahren erzählte mir ein guter Freund vom Sommer seines Lebens in Oslo (Norwegen). Zum einen sei das Wetter absolut fantastisch gewesen, zum anderen – und als er dies erzählte, begannen seine Augen zu leuchten – seien nahezu alle Frauen überaus freundlich und kontaktfreudig gewesen.[99] Er war so angetan von der „Offenheit" der norwegischen Frauen, dass er es gar nicht erwarten konnte, so schnell wie möglich wieder nach Oslo zu fahren. Nachdem er sich in den folgenden Monaten die Reisekosten mühsam zusammengespart hatte, ging es im darauffolgenden Januar endlich wieder ins „gelobte Land". Hätte ich damals schon von der folgenden Studie gewusst (Guéguen, 2013), hätte ich ihn vielleicht vor – wie er selbst sagt – „einem seiner größten Fehler seines Lebens" warnen können:

Der französische Sozialpsychologe Nicolas Guéguen ließ fünf überdurchschnittlich gut aussehende, männliche Studenten ausschwirren, um insgesamt 500 Frauen auf offener Straße um ein Date zu bitten.[100] Dabei sollten sie sich immer an das (mittlerweile bekannte) folgende Skript halten:

„Hallo. Mein Name ist Antoine. Ich wollte dir nur sagen, dass ich dich sehr hübsch finde. Ich muss jetzt zur Arbeit, aber ich frage mich, ob du mir deine Telefonnummer geben würdest. Ich ruf dich dann später an und wir können irgendwo was zusammen trinken gehen."

Wie in Abbildung 8.1 zu sehen ist, waren an sonnigen Tagen deutlich mehr Frauen bereit, ihre Telefonnummer an den Charmeur

---

99 Genau genommen war seine Formulierung „Alle Frauen waren rollig!" Aber diese Formulierung erschien dem Autor zu unseriös...
100 Um zu verhindern, dass sich die männlichen Komplizen zwischen den beiden Versuchsbedingungen unterschiedlich verhalten, hatte man ihnen die Forschungshypothese nicht mitgeteilt

weiterzugeben. Wahrscheinlich hatte das freundlichere Wetter auch zu einer freundlicheren und kontaktfreudigeren Gemütslage geführt.[101]

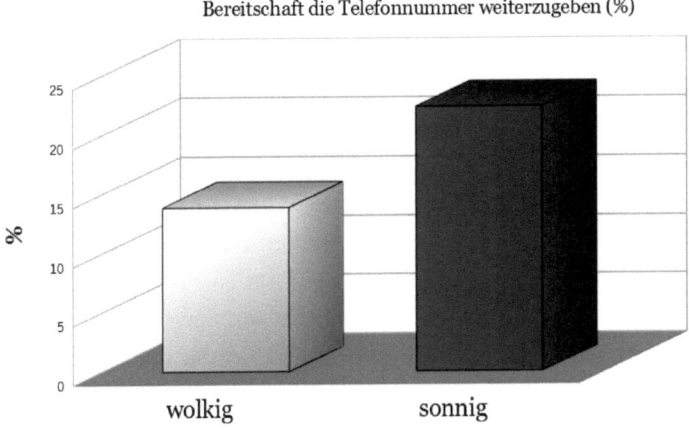

Abbildung 8.1 Basierend auf Daten von: Guéguen, N. (2013). Weather and courtship behavior: A quasi-experiment with the flirty sunshine. Social Influence, 8(4), 312-319.

Besonders bemerkenswert ist jedoch die Tatsache, dass die Forscher ihr Experiment nur an Tagen mit vergleichbaren Temperaturen (durchschnittliche Temperatur: 20°C) durchgeführt hatten. Somit ist der gefundene Effekt wirklich nur auf die unterschiedlich starke Lichteinstrahlung zurückzuführen und nicht darauf, dass die Frauen an wolkigen Tagen vielleicht stärker gefroren hätten und es daher vielleicht eiliger hatten.

Wenn allerdings ein solcher Effekt schon an Tagen mit gleicher Temperatur zu beobachten ist, dann kann man sich ausmalen, wie es meinem Freund in der Düsterkeit des norwegischen Winters bei -15°C erging. Viele Frauen reagierten auf seine Annäherungsversuche extrem „unterkühlt". Er selbst fand etwas drastischere Worte:

„Es war die Hölle! - Nur in arschkalt."

---

101 Eine alternative Erklärung könnte lauten, dass an sonnigeren Tagen mehr Single-Frauen auf den Straßen unterwegs sind.

8.2 Hilfsbereitschaft bei Sonnenschein

Obwohl Wetterschwankungen bei uns heutzutage nicht mehr mit allzu großen Stimmungsschwankungen einhergehen (Denissen, Butalid, Penke & van Aken, 2008), da wir uns in klimatisierten Räumen mit künstlichem Licht unser eigenes Wetter „designen" können,[102] sprechen einige Forschungsergebnisse dafür, dass wir uns bei schönerem Wetter auch hilfsbereiter gegenüber anderen Menschen verhalten. In einem dieser Experimente beauftragten Guéguen und Lamy (2013) Komplizen, immer drei Meter vor einer Versuchsperson herzulaufen, um dann „aus Versehen" einen Handschuh fallen zu lassen. Während an bewölkten Tagen nur 53,3% der Passanten auf das Missgeschick hinwiesen, waren es an sonnigen Tagen immerhin 65,3%. In weiteren Experimenten konnte beobachtet werden, dass auch die Bereitschaft, an einer Umfrage teilzunehmen (Guéguen & Stefan, 2013) oder einen Anhalter mit dem Auto mitzunehmen, an sonnigen Tagen etwas höher ausfiel.[103] Die Ergebnisse (und Versuchspersonenzahlen) dieser Studien sind in der folgenden Tabelle zusammengefasst.

	Versuchspersonenzahl	Hilfsbereitschaft an sonnigen Tagen	Hilfsbereitschaft an wolkigen Tagen
Guéguen & Lamy (2013)	464	65,3%	53,3%
Guéguen & Jacob (2014)	1384	43,2%	34,9%
Guéguen & Stefan (2013)	2864	9,4%	6,1%

Ob wir an Tagen mit schönem Wetter auch dazu neigen, einer Kellnerin mehr Trinkgeld zu geben, kann angesichts des aktuellen For-

---

102 Vielleicht führt dieser Umstand sogar dazu, dass wir – wenn wir dann mal draußen sind – empfindlicher auf Wetterschwankungen reagieren.
103 Auch in diesen Experimenten hatten die Forscher sehr genau darauf geachtet, nur an Tagen mit vergleichbaren Temperaturen Daten zu erheben.

schungsstands leider nicht eindeutig geklärt werden. Während Cunningham (1979) beobachten konnte, dass an sonnigen Tagen die Kunden eines Restaurants spendabler waren, ließ sich in einer neueren Untersuchung mit deutlich mehr Versuchspersonen (Flynn & Greenberg, 2012) ein solcher Effekt nicht nachweisen. Allerdings fanden beide Experimente in den Innenräumen der jeweiligen Restaurants statt, sodass nicht ausgeschlossen werden kann, dass auch die unterschiedliche Architektur der Restaurants (insbesondere Lichteinfall durch die Fenster) für die uneinheitlichen Ergebnisse verantwortlich sein könnte. Zudem ist es auch denkbar, dass manch ein Restaurantbesucher in Abhängigkeit von der Jahreszeit unterschiedlich darauf reagiert, drinnen sitzen zu müssen. So ist es z.B. denkbar, dass man sowohl bei eisiger Kälte als auch bei glühender Hitze sehr froh ist, im Inneren eines kuschelig-warmen Restaurants Platz nehmen zu dürfen. Da beide Effekte konträr ausfallen, ließe sich dann auch kein Zusammenhang zwischen Temperatur und Trinkgeldverhalten feststellen. Zukünftige Studien sollten daher in Freiluft-Restaurants durchgeführt werden.

9
Es ist nicht egal, wo wir uns befinden…
-
Orte der Hilfsbereitschaft bzw. Kaltherzigkeit

Quizfrage: *Welche dieser Aussagen trifft zu?*

a) Menschen in New York (USA) sind hilfsbereiter als Menschen in Rio de Janeiro (Brasilien).

b) Je mehr Menschen sich in der Umgebung befinden, desto höher ist die Wahrscheinlichkeit, dass uns im Falle eines Unfalls jemand zu Hilfe eilt.

c) Menschen, die sich vor einer Kirche aufhalten, sind hilfsbereiter als Menschen, die sich in der Nähe eines Blumengeschäfts aufhalten.

d) Menschen, die sich vor einem Krankenhaus aufhalten, sind besonders hilfsbereit.

(Auflösung Seite 215)

Es ist nicht egal, wo wir uns befinden... - Orte der Hilfsbereitschaft bzw. Kaltherzigkeit

9.1 Sind Menschen in New York weniger hilfsbereit?

In welchen Städten der Erde leben die Menschen mit der größten Hilfsbereitschaft? Um diese Frage zu beantworten, inszenierte der Sozialpsychologe Robert Levine zusammen mit seinen Kollegen in den Innenstädten von Madrid, Wien, New York und anderen Großstädten drei unterschiedliche Szenarien (Levine, Norenzayan & Philbrick, 2001):

a) Verlorener Stift:

Ein Verbündeter des Versuchsleiters ließ (scheinbar unabsichtlich) einen Stift fallen. Würden die Passanten auf das Missgeschick hinweisen?

b) Verletztes Bein:

Ein Verbündeter des Versuchsleiters, der sich aufgrund einer Beinverletzung (bandagiertes Bein) nur hinkend fortbewegen konnte, verlor einen Stapel mit Zeitschriften. Wenn sich eine Person näherte, beugte er sich nach vorne über und versuchte vergeblich, die Zeitschriften aufzuheben. Würden die Probanden unaufgefordert beim Aufsammeln helfen?

c) Blinder Mann:

Ein Verbündeter des Versuchsleiters gab vor, blind zu sein (dunkle Sonnenbrille; Blindenstock). Würden Probanden an einer Ampel dem Blinden über die Straße helfen?

Um störende Faktoren ausschließen zu können, wurden die Experimente in allen Städten unter weitgehend vergleichbaren Verhältnissen durchgeführt:
- gleiche Jahreszeit (Sommermonate)
- ähnliche Wetterverhältnisse (sonnig)

Es ist nicht egal, wo wir uns befinden... - Orte der Hilfsbereitschaft bzw. Kaltherzigkeit

- ähnliche Uhrzeit (während der Hauptgeschäftszeiten)
- ähnliche Örtlichkeit (Innenstadt)
- ähnliche Versuchsleiter (männliche Studenten, ordentlich und leger gekleidet)

	Stadt	Hilfsbereitschaft (%)
1	Rio de Janeiro, Brasilien	91,33
2	San Jose, Costa Rica	91,33
3	Lilongwe, Malawi	86
4	Kalkutta, India	82,67
5	Wien, Österreich	81
6	Madrid, Spanien	79,33
7	Kopenhagen, Dänemark	77,67
8	Shanghai, China	76,67
9	Mexico City, Mexico	75,67
10	San Salvador, El Salvador	75,67
11	Prag, Tschechien	75
12	Stockholm, Schweden	72
13	Budapest, Ungarn	71
14	Bukarest, Rumänien	68,68
15	Tel Aviv, Israel	68
16	Rom, Italien	63,33
17	Bangkok, Thailand	61
18	Taipeh, Taiwan	59
19	Sofia, Bulgarien	57
20	Amsterdam, Holland	53,67
21	Singapur, Singapur	48
22	**New York, USA**	44,67
23	Kuala Lumpur, Malaysia	40,33

Abbildung 9.1 Basierend auf Daten von: Levine, R. V., Norenzayan, A., & Philbrick, K. (2001). Cross-cultural differences in helping strangers. *Journal of Cross-Cultural Psychology*, 32(5), 543-560.

Es ist nicht egal, wo wir uns befinden... - Orte der Hilfsbereitschaft bzw. Kaltherzigkeit

Während in Rio de Janeiro oder San José nahezu alle getesteten Passanten bereit waren, ihren Mitmenschen zu helfen (91,33%), waren es in New York weniger als die Hälfte (44,67%). Die Ursache für die unterlassene Hilfeleistung im internationalen Vergleich ist weitgehend ungeklärt.[104]

Allerdings ließ sich auch schon in anderen Untersuchungen beobachten, dass Menschen in New York vergleichsweise kaltherzig agierten (Levine, Reysen & Ganz, 2008; Levine, Martinez, Brase & Sorenson, 1994). In diesen Studien hatte man die Hilfsbereitschaft der Bürger unterschiedlicher US-amerikanischer Städte miteinander verglichen. Während Städte wie Knoxville oder Rochester die Top-Positionen innehatten, belegte New York stets einen der letzten Plätze. Einer der Hauptgründe für das schlechte Abschneiden der Mega-Metropole könnte die hohe Einwohnerzahl bzw. Einwohnerdichte sein. Zum einen könnten die vielen Mitmenschen in der Umgebung zu einem Stimulus-Overload geführt haben (Milgram, 1970). Angesichts der vielen Stimuli konzentriert man sich dann nur noch auf das Wesentliche. Ein Stimulus, der als nicht essentiell notwendig für die eigene Zufriedenheit eingestuft wird (z.B. eine Hilfe benötigende Person), wird dann ignoriert, um eine weitere Überlastung zu verhindern. Zum anderen könnte aber auch der Bystander-Effekt (siehe Exkurs) aufgetreten sein, wonach die Hilfsbereitschaft von Menschen abnimmt, je mehr Menschen sich in der Umgebung befinden (Latane & Darley, 1970). Der Grund: Jeder denkt, dass sich die anderen schon darum kümmern werden (Verantwortungsdiffusion).

---

104 Der einzige Faktor, der mit geringer Hilfsbereitschaft korrelierte, war die Pro-Kopf-Kaufkraft des Staates. In Ländern mit hoher Pro-Kopf-Kaufkraft war die Hilfsbereitschaft im Durchschnitt geringer. Dies könnte ein weiteres Indiz für die Hypothese „Geld verdirbt den Charakter" sein (siehe Kapitel 6.2). Da sich jedoch in anderen Studien widersprüchliche Ergebnisse beobachten ließen (z.B. Levine, Reysen & Ganz, 2008), sollten diese Forschungsergebnisse mit Vorsicht interpretiert werden.

Es ist nicht egal, wo wir uns befinden... - Orte der Hilfsbereitschaft bzw. Kaltherzigkeit

Falls eine hohe Bevölkerungsdichte zu weniger Hilfsbereitschaft führt, stellt sich natürlich unweigerlich die Frage: Sind Menschen in ländlichen Gegenden hilfsbereiter als die Bewohner großer Städte? Tatsächlich ließ sich in einigen Untersuchungen eine entsprechende Tendenz nachweisen (Amato, 1983; Steblay, 1987). Womöglich sind Menschen in ländlichen Gegenden aber auch hilfsbereiter, da auf dem Land die Natur noch nicht so stark aus den Wohngebieten zurückgedrängt wurde. Denn wie viele neue Untersuchungen nahelegen, kann die erholsame Wirkung von Natur-Idylle zu pro-sozialerem Verhalten führen (siehe Kapitel 7).

9.2 Exkurs: Der Zuschauereffekt (Bystander-Effekt)

Stellen Sie sich vor, Sie fahren mit dem Fahrrad in zügigem Tempo durch die Innenstadt, als Sie plötzlich mit dem Fuß von einer Pedale abrutschen, das Gleichgewicht verlieren und schwer stürzen. Vielleicht liegt die durchschnittliche Wahrscheinlichkeit, dass Ihnen eine einzelne Person hilft bei 70%. Wäre es dann nicht wünschenswert, wenn gerade mehrere Personen zugegen wären? Dann ergäbe sich doch eine Wahrscheinlichkeit von 70%+70%+70%+70%+... Somit würden sich vielleicht gleich mehrere Personen um die Verarztung Ihrer Wunden kümmern.

Leider legen viele Experimente zum Zuschauereffekt nahe, dass vermutlich genau das Gegenteil der Fall ist (Fischer et al., 2011). Mit jeder zusätzlichen Person in der Umgebung sinkt die Wahrscheinlichkeit, dass Ihnen jemand zur Hilfe eilt.

So zeigte sich z.B. in einem klassischen Experiment, in dem man Versuchspersonen hatte glauben lassen, ein anderer Proband habe einen epileptischen Anfall, dass deutlich mehr Versuchspersonen zu Hilfe eilten, wenn sie glaubten, es seien noch vier weitere Personen anwesend (siehe Abbildung 9.2). In einer weiteren Untersuchung mit insgesamt 4813 Versuchspersonen ließen Forscher in Fahrstühlen (scheinbar aus Versehen) Stifte oder Münzen fallen. Wenn keine weiteren Personen zugegen waren, half man in 40% der Fälle. Wenn dagegen noch fünf weitere Zuschauer im Fahrstuhl waren, lag die Hilfsbereitschaft nur bei 20% (Latané & Dabbs, 1975).

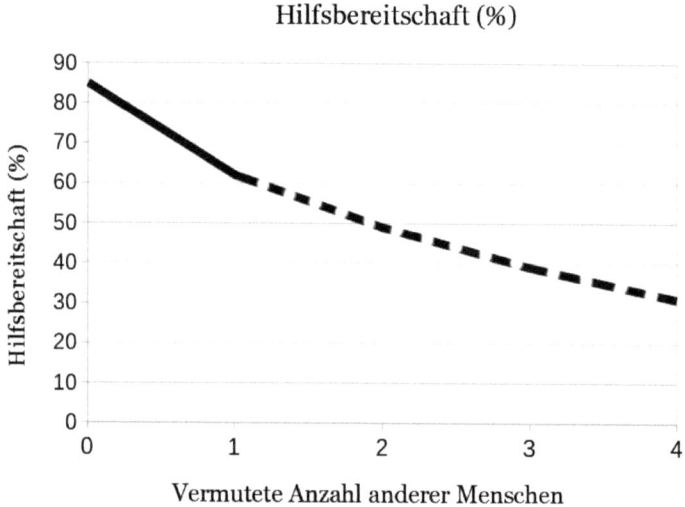

Abbildung 9.2 Basierend auf Daten von: Darley, J. M., & Latane, B. (1968). Bystander intervention in emergencies: diffusion of responsibility. Journal of personality and social psychology, 8(4p1), 377.

Neben der bereits genannten Vertrauensdiffusion (Unklarheit, wer die Verantwortung übernimmt) könnten aber auch Interpretationsfehler die Ursache für eine unterlassene Hilfeleistung sein:

In einem weiteren Klassiker-Experiment pumpten Forscher weißen Rauch durch eine Abzugsöffnung in ein Wartezimmer. Wenn sich Versuchspersonen alleine in dem Zimmer befanden, verließen bereits nach sechs Minuten 75% Prozent das Wartezimmer, um den Rauch zu melden.

Es ist nicht egal, wo wir uns befinden... - Orte der Hilfsbereitschaft bzw. Kaltherzigkeit

Wenn sich jedoch drei Probanden im Zimmer aufhielten, lag die Wahrscheinlichkeit nur noch bei 38%. Noch geringer war die Alarmierungsbereitschaft (10%), wenn es sich bei den anderen Personen im Zimmer um Komplizen des Versuchsleiters handelte, welche beauftragt worden waren, den Rauch völlig zu ignorieren. Obwohl ihnen der Rauch offensichtlich schwer zu schaffen machte (sie husteten und rieben sich die Augen), alarmierte niemand den Versuchsleiter.

Der Grund: Wenn wir uns unsicher sind, ob eine Situation gefährlich ist, schauen wir häufig zuerst auf die Reaktionen anderer Menschen. Wenn alle Passanten teilnahmslos an einem am Boden liegenden Mann vorbeilaufen, könnte dies bedeuten, dass es sich einfach um einen schlafenden Bettler oder Betrunkenen handelt. Womöglich wissen aber auch die anderen nicht wirklich, was los ist, und orientieren sich ihrerseits nur daran, wie sich die anderen Passanten verhalten. Dieses Phänomen „pluralistischer Ignoranz" ist keineswegs auf Notfallsituationen beschränkt. Saßen Sie schon mal in einer Unterrichtsstunde und haben überhaupt nichts vom Unterrichtsstoff verstanden? Vielleicht wollten Sie gerne nachfragen, was das alles zu bedeuten habe, aber irgendwie war es Ihnen zu peinlich nachzufragen.

Mir erging es einmal in einer Statistik-Vorlesung ähnlich. Irgendwann konnte ich mich doch zu einer Wortmeldung durchringen: „Ich komm gerade überhaupt nicht mehr mit."

Auf einmal seufzten alle anderen Kursteilnehmer auf: „Wir auch nicht!" Keiner der Anwesenden hatte irgendetwas verstanden. Da sich aber keiner gemeldet hatte, glaubte jeder, die anderen hätten den Durchblick.

Persönlichkeit oder Situation? - Warum verhalten sich Menschen antisozial?

Im Jahr 2005 wurde in einem Apartment-Gebäude (St. Paul, Minnesota, USA) eine Frau von einem Mann angegriffen und vergewaltigt. Obwohl sich die Misshandlung auf dem Flur abspielte und die Überwachungskamera eindeutig zeigt, dass mindestens zehn der Anwohner aus benachbarten Zimmern ihre Türe öffneten und dem grausamen Schauspiel kurz zusahen, bevor sie ihre Türen wieder schlossen, dauerte es mehr als eine Stunde, bis jemand die Polizei anrief. Ein Polizist, der das Überwachungsvideo gesehen hatte, zeigte sich schockiert:

> *„Es war entsetzlich. Ich kann gar nicht beschreiben, wie es mir kalt den Rücken runterging, als ich sehen musste, wie diese Frau angegriffen wurde und diese Leute ihr den Rücken zuwendeten und nichts taten"* (Kassin, Fein & Markus, 2013).

Immer wieder erschüttern derartige Fälle unterlassener Hilfeleistung die Öffentlichkeit. Man denke z.B. auch an die sexuellen Übergriffe in der Silvesternacht 2015/2016 am Kölner Hauptbahnhof. Weshalb hat damals niemand den Opfern geholfen? In vielen Medien wird von einer Verrohung der Sitten und antisozialen Persönlichkeiten gesprochen. Die Forschung zum Zuschauereffekt wie auch andere Forschungszweige (siehe z.B. das berühmte Milgram-Experiment) legen allerdings nahe, dass es auch in hohem Maße von den situativen Umständen abhängt, wie sich Menschen verhalten.

Wie kann man sich vor dem Zuschauereffekt schützen?

Aus der Forschung zum Zuschauereffekt lassen sich klare Handlungsanweisungen für den Ernstfall ableiten:

Es ist nicht egal, wo wir uns befinden… - Orte der Hilfsbereitschaft bzw. Kaltherzigkeit

1. Falls Ihnen etwas zustößt (Herzanfall, sexueller Übergriff durch einen Angreifer) rufen Sie nicht ziellos um Hilfe (Hilfe! Kann mir jemand helfen!), sondern sprechen Sie gezielt einen der Anwesenden an: „Hey, Sie mit dem grünen T-Shirt und der Mütze! Ich brauche dringend Hilfe!"

2. Falls es sich um einen sexuellen Übergriff handeln sollte, stellen Sie unbedingt klar, dass Sie die andere Person nicht kennen: „Ich kenne diesen Typ nicht!"

Ansonsten könnten umstehende Passanten die Situation als einen Streit zwischen Liebespartnern fehlinterpretieren. Viele Menschen haben Hemmungen, in einen solchen Streit einzugreifen (Shotland & Straw, 1976).

Orte der Hilfsbereitschaft – Gibt es auch innerhalb einer Stadt Unterschiede?

Wie wir im Kapitel „Verdirbt Geld den Charakter" gesehen haben, ist von Menschen in der Nähe von Luxusboutiquen keine allzu große Hilfsbereitschaft zu erwarten. Womöglich wirken sich die Reize aus der Umgebung auf das Unterbewusstsein der Passanten aus und lösen Gedanken-Assoziationen aus, die Verhaltensveränderungen nach sich ziehen können:

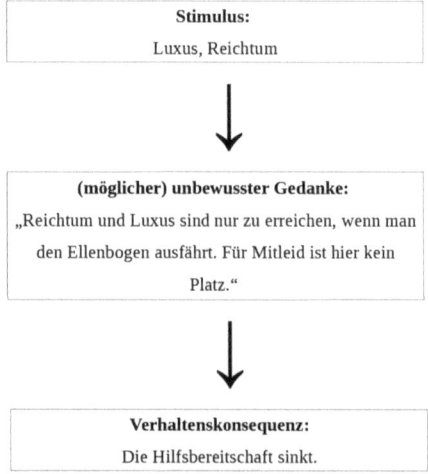

Falls unsere Umgebung unser Verhalten wirklich derart beeinflussen kann, stellt sich natürlich die Frage, ob nicht auch andere Umgebungsreize sich auf unsere Hilfsbereitschaft auswirken können. Um diese Frage zu beantworten, beauftragten Lamy, Fischer-Lokou & Guéguen (2015) eine Komplizin mit einem bandagierten Bein und einer Krücke in der Nähe von Ziel-Personen zwei Päckchen mit Süßigkeiten und eine Wasserflasche fallen zu lassen. An welchen Orten würden die Passanten eher beim Aufheben der Gegenstände helfen?[105]

a) Vor einem Krankenhaus

b) Vor einem Blumengeschäft

c) Vor einer Kirche

d) In einer normalen Wohngegend (Kontrollbedingung)

Wie sich herausstellte, half man insbesondere in der Nähe eines Krankenhauses und eines Blumengeschäftes (siehe Abbildung 9.3).

---

[105] Die vier unterschiedlichen Orte waren nur 800 Meter voneinander entfernt.

Es ist nicht egal, wo wir uns befinden... - Orte der Hilfsbereitschaft bzw. Kaltherzigkeit

Die leicht erhöhte Hilfsbereitschaft vor der Kirche erreichte dagegen keine statistische Signifikanz.
Womöglich gibt es also tatsächlich Orte der Hilfsbereitschaft und Nächstenliebe, welche in uns pro-soziale Gedanken und Verhaltenstendenzen triggern.

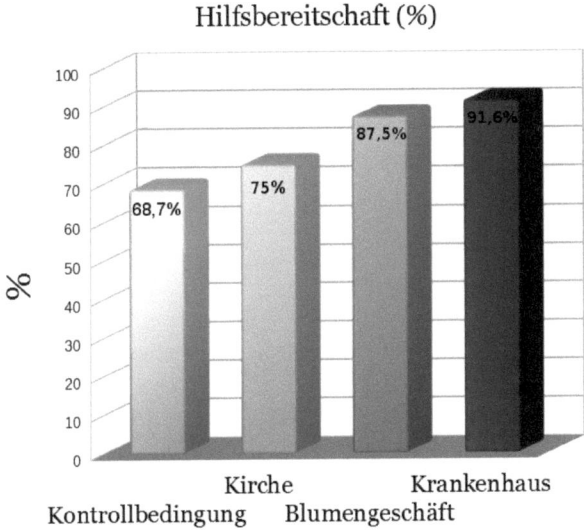

Abbildung 9.3 Basierend auf Daten von: Lamy, L., Fischer-Lokou, J., & Guéguen, N. (2015). Places for help: Micro-level variation in helping behavior toward a stranger. Psychological Reports, 116, 1–7.

10
Big Brother is watching you!

Quizfrage: Welche dieser Aussagen trifft zu?

a) Abbildungen von Augenpaaren machen uns feindseliger und egoistischer, weil wir uns bedroht fühlen

b) Kleine Abbildungen von Blumen machen Menschen hilfsbereiter als Abbildungen von Augenpaaren.

c) Abbildungen von Blumen (im Gegensatz zu Augenpaaren) führen dazu, dass Menschen ihren Müll wegräumen.

d) Abbildungen von Augenpaaren können dazu führen, dass Menschen mehr Geld für den guten Zweck spenden.

(Auflösung Seite 215)

Einer der Hauptgründe, weshalb sich Menschen gemeinschaftsdienlich verhalten, ist, dass wir negative Konsequenzen durch Mitmenschen fürchten. Wer gezielt anderen Menschen schadet, muss mit Bestrafungen rechnen oder läuft zumindest Gefahr, in den Augen anderer Menschen an Reputation zu verlieren.

In einer viel beachteten Studie (Bateson, Nettle & Roberts, 2006) überprüften Wissenschaftler, ob sich Menschen schon dann prosozialer verhalten, wenn man ihnen auf subtile Art und Weise den Eindruck vermittelte, unter Beobachtung zu stehen. Hierzu hingen sie in einer Gemeinschaftsküche der Universität im Wochenrhythmus entweder Bilder von starrenden Augen oder von Blumen auf. Verblüffenderweise stellte sich heraus, dass in Wochen, in denen ein Augenpaar auf die Mitarbeiter gerichtet war, deutlich mehr Geld in die Gemeinschafts-Kasse geworfen wurde (siehe Abbildung 10.1).

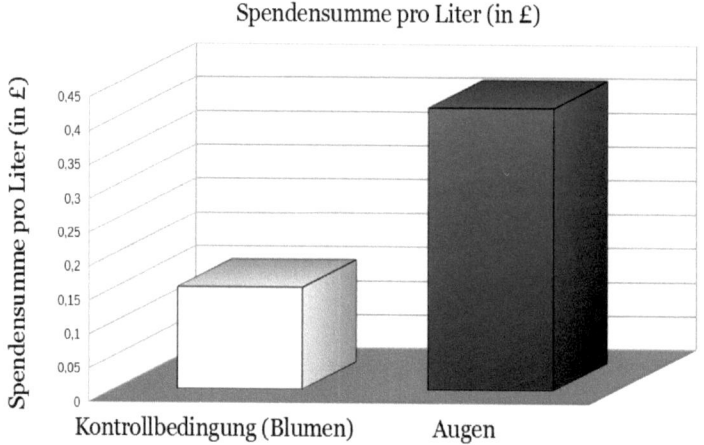

Abbildung 10.1 Basierend auf Daten von: Bateson, M., Nettle, D., & Roberts, G. (2006). Cues of being watched enhance cooperation in a real-world setting. Biology letters, 2(3), 412-414.

Selbst die Verfasser der Studie waren von der Größe des Effekts überrascht. Schließlich hatte es sich um eine harmlose Intervention gehandelt. Die Bilder der Augenpaare hatten nur eine Größe von 15 x 3,5 cm und wurden von den Mitarbeitern nicht wirklich bemerkt. Drei weitere Folgestudien der Forscher, welche in der Öffentlichkeit deutlich weniger bekannt sind, verdienen ebenfalls Aufmerksamkeit:

1. Bilder von Augenpaaren erhöhen die Spendenbereitschaft (Powell, Roberts & Nettle, 2012):

Die Forscher platzierten Spendenboxen für einen wohltätigen Zweck an den Kassen eines Supermarktes. Auf dem Deckel der Spendendose waren entweder Augen (Cartoon-Style) oder drei Sterne. Jene Kunden, die an den Kassen mit den Cartoon-Augen-Spendenboxen zahlten, ließen im Durchschnitt deutlich mehr Geld für den Guten Zweck da (7,90£ vs. 5,48£ pro Tausend Kunden[106]). Ob die auf der Spendenbox abgebildeten Augen dazu geführt hatten, dass sich die Kunden auf subtiler Ebene beobachtet gefühlt hatten, oder ob die Augenpaare lediglich zu mehr Aufmerksamkeit für die Spendenaktion geführt hatte, ist leider unklar.

2. Bilder von Augenpaaren verhindern, dass Menschen Müll liegen lassen (Ernest-Jones, Nettle & Bateson, 2011):

Die Forscher hingen Plakate mit Augenpaaren oder Blumen in der Cafeteria der Universität auf. Wenn auf den Postern Augen abgebildet waren, ließen nur noch halb so viele Besucher Abfall auf den Tischen zurück. Dabei wirkten die abgebildeten Augen selbst dann, wenn sie mit einer Botschaft präsentiert wurden, die gar nicht zum Aufräumen der Tische aufforderte: „Bitte konsumieren Sie Essen und Getränke nur in diesen Räumlichkeiten. Danke." (Abbildung 10.2). Somit kann ausgeschlossen werden, dass die abgebildeten Augen nur dadurch wirken, dass sie mehr Aufmerksamkeit auf die mitgelieferte Botschaft lenken.

---

[106] Die Angaben sind in Pfund, da die Studie in Großbritannien durchgeführt wurde.

Big Brother is watching you!

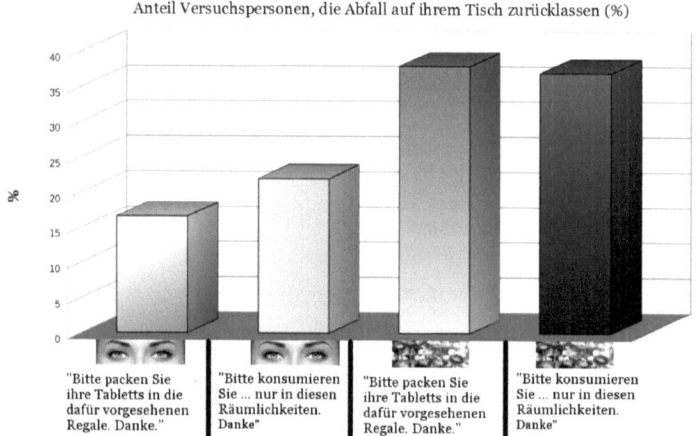

Abbildung 10.2 Basierend auf Daten von: Ernest-Jones, M., Nettle, D., & Bateson, M. (2011). Effects of eye images on everyday cooperative behavior: a field experiment. Evolution and Human Behavior, 32(3), 172-178.

Eine weitere Möglichkeit, Menschen davon abzuhalten, ihren Müll in der Gegend herumzuwerfen, könnte darin bestehen, Abbildungen von Augenpaaren direkt auf Verpackungen zu drucken. So zeigte sich beispielsweise, dass Flyer mit abgebildeten Augenpaaren deutlich seltener einfach auf den Boden geworfen wurden (Bateson, Robinson, Abayomi-Cole, Greenlees, O'Connor & Nettle (2015). Gleiches ließ sich auch beobachten, wenn sich in der Umgebung der Versuchspersonen mehr Menschen aufhielten.

3. Bilder von Augenpaaren verhindern Diebstähle

Ein großes Problem heutiger Städte ist die hohe Rate an Fahrraddiebstählen. Insbesondere in der Nähe von Universitäten, wo viele Studenten das Rad dem Auto vorziehen, finden jedes Jahr etliche Fahrräder auf illegalem Wege einen neuen Besitzer. Nettle, Nott und Bateson (2012) versuchten dieser Praxis Einhalt zu gebieten, indem sie in der Nähe der Uni-Fahrradparkplätze ein Poster mit starrenden Augenpaaren und dem Slogan „Cycle thieves, we are watching you" anbrachten (siehe Abbildung 10.3).

Big Brother is watching you!

Abbildung 10.3 aus: Nettle, D., Nott, K., & Bateson, M. (2012). 'cycle thieves, we are watching you': impact of a simple signage intervention against bicycle theft. PloS one, 7(12), e51738.

Die Poster hatten eine enorme Wirkung. Die Fahrraddiebstähle gingen im Vergleich zum Vorjahres-Zeitraum um 62% zurück. In Kontrollgegenden, in denen man keine Poster angebracht hatte, stieg die Zahl der Fahrraddiebstähle dagegen im gleichen Zeitraum um 65% an. Somit ist stark zu vermuten, dass die Diebe durch die Poster zwar abgeschreckt wurden, sie aber einfach an anderen Stellen zuschlugen. Um eine derartige Verlagerung des Problems zu verhindern, hätte man wohl an allen Fahrradparkplätzen Poster aufhängen müssen.[107]

Leider bleibt aufgrund des Studiendesigns unklar, ob das abgebildete Augenpaar, der dazugehörige Text oder die Kombination aus Bild und Text für den großen Erfolg der Intervention verantwortlich war. Die Forscher planen jedoch schon Folgestudien mit zusätzlichen Versuchsbedingungen, um diese Frage zu klären. In jedem Fall handelt es sich um eine recht kostengünstige Maßnahme mit vergleichsweise großer Effektivität.

Bevor man aber jetzt in zu große Euphorie ausbricht und beginnt alle öffentlichen Plätze mit glotzenden Augen zu plakatieren, um

---

107 Dann hätte man jedoch keine Kontrollbedingung zum Vergleich gehabt. Und eine Interpretation der Ergebnisse wäre deutlich erschwert worden.

Menschen kooperativer und hilfsbereiter zu machen, sei darauf hingewiesen, dass es sich wahrscheinlich um einen sehr kontextspezifischen Effekt handelt. So konnten manche Forschungsgruppen den Effekt in anderen Situationen nicht replizieren (z.b. Cai, Huang, Wu & Ku, 2015; Ekström, 2012; Matsugasaki, Tsukamoto & Ohtsubo, 2015; Raihani & Bshary, 2012). Hervorzuheben ist dabei vor allem eine in Schweden durchgeführte Untersuchung mit über 16000 Versuchspersonen (Ekström, 2012). Die Forscher hatten an den Pfandrückgabe-Automaten von insgesamt 38 Geschäften entweder Aufkleber mit Augenpaaren oder Blumen angebracht. Per Knopfdruck konnten die Kunden entscheiden, ob sie ihren Pfand ausgezahlt bekommen oder ob sie das Geld lieber für einen guten Zweck spenden würden. Wie sich herausstellte, waren die abgebildeten Augenpaare nicht effektiver als die Bilder von Blumen.[108] Die Gründe für die misslungene Replikation könnten vielfältig sein (andere Population, andere Augenpaare etc.). Höchstwahrscheinlich fällt der durchschnittliche „Watching-Eyes-Effekt" jedoch deutlich geringer aus, als die ursprüngliche Kaffeekassen-Studie (Bateson, Nettle & Roberts, 2006) vermuten ließ.

---

108 Es ließ sich nur dann ein geringer Effekt zu Gunsten der Augen-Aufkleber nachweisen, wenn besonders wenige Besucher in der Umgebung waren. Dies ließ sich auch in anderen Experimenten beobachten. Womöglich verpufft der Effekt künstlicher Augenpaare, wenn viele echte Augenpaare auf einen gerichtet sind.

11
Die etwas andere Zusammenfassung

Aus der Lernpsychologie weiß man: Gedächtnisspuren bilden sich nutzungsabhängig. Wenn wir uns etwas merken wollen, sollten wir es daher häufig genug wiederholen. Jetzt ist aber stupides Wiederholen erfahrungsgemäß langweilig und zäh. Daher erfolgt die Zusammenfassung der in diesem Buch zusammengetragenen Forschungsergebnisse in Form von (**nicht ganz ernst gemeinten**) Tipps und Ratschlägen.

Dies ermöglicht auch die Nennung von Forschungsbefunden, für die es in diesem Buch keinen Platz mehr gab. (Alle evidenzbasierten Tipps, die nicht in diesem Buch besprochen wurden, sind mit Quellennachweisen versehen. Oder können im Buch „Neue Psychologie der Beeinflussung" nachgelesen werden.)

11.1 So bringen Sie Ihre Mitmenschen dazu, Ihnen gegenüber hilfsbereiter zu sein

- Haben Sie immer einen Strauß Blumen dabei.
- Als Frau: Tragen Sie Blumen-Haarschmuck.
- Sorgen Sie dafür, dass die andere Person 10 Cent findet.
- Hängen Sie das Bild eines Augenpaars in ihrer Umgebung auf.

Die etwas andere Zusammenfassung

- Die Umgebung zählt: Besonders hilfsbereit sind Menschen vor Krankenhäusern, Parks oder Blumengeschäften. Luxus-Geschäfte sind dagegen zu meiden…
- Bitten Sie eher an sonnigen Tagen um Hilfe.
- Als Frau: Tragen Sie ein (gut riechendes) intensives Parfüm auf.
- Als Frau: Tragen Sie Stöckelschuhe.
- Als Frau: Tragen Sie rote Kleidung (z.B. rotes T-Shirt).
- Als Frau: Färben Sie Ihre Haare blond.
- Als Frau: Vergrößern Sie Ihre Brüste.[109]
- Als Mann: Tragen Sie Anzug und Krawatte.
- Als Mann: Tragen Sie eine Uniform.
- Achten Sie auf angenehme Umgebungs-Düfte (z.B. frische Backwaren oder Zitrusduft).
- Legen Sie angenehme Musik auf.
- Legen Sie Musik mit pro-sozialen Songtexten auf.
- Schleusen Sie einen Komplizen ein, der Ihnen bereitwillig bei Ihrem Problem hilft. (Damit die anderen es dem Komplizen nachmachen.)
- Berühren Sie die andere Person leicht am Arm (Für eine Übersicht: Burck, 2016).
- Bitten Sie zuerst um einen kleinen Gefallen, bevor Sie ihre eigentliche Bitte vortragen (foot-in-the-door; Burck, 2016).

---

[109] An dieser Stelle nochmal der Hinweis: Diese Tipps dienen nur einer unterhaltsamen Zusammenfassung. Eine Frau sollte sich natürlich nicht die Brüste vergrößern lassen, um Männern zu imponieren. Zudem wurde in der entsprechenden Studie nur untersucht, wie sich eine Vergrößerung von A- auf C-Körbchen auswirkt. Ob eine weitere Vergrößerung auf D- oder E-Körbchen effektiver ist, bleibt somit völlig unklar.

Die etwas andere Zusammenfassung

- Fragen Sie zuerst nach der Befindlichkeit der anderen Person („Wie geht es Ihnen?"; Burck, 2016).
- Machen Sie erst ein bisschen Smalltalk (Burck, 2016).
- Betonen Sie ungewöhnliche Gemeinsamkeiten („Wow, wir haben am gleichen Tag Geburtstag!"; Burck, 2016).
- Spiegeln Sie Körpersprache und Wortwahl der anderen Person (Burck, 2016).
- Benutzen Sie die „Sie können sich aber frei entscheiden …"-Formel (Burck, 2016).

11.2 Für Frauen - So liegen Ihnen die Männer zu Füßen

- Tragen Sie Stöckelschuhe.
- Vergrößern Sie ihre Brüste.
- Färben Sie sich die Haare blond.
- Falls Sie auf Sex aus sind – lassen Sie sich ein Tattoo stechen.
- Tragen Sie rote Kleidung.
- Tragen Sie roten Lippenstift.
- Sorgen Sie dafür, dass Sie dem Angebeteten immer mal wieder „zufällig" begegnen (Effekt der bloßen Darbietung).
- Gehen Sie insbesondere an fruchtbaren Tagen aus. Für Männer riechen Sie an diesen Tagen besser.
- Vermeiden Sie zu weinen. Der Geruch von Tränen wirkt auf Männer abturnend.
- Sorgen Sie dafür, dass das erste Date zu einem aufregenden Erlebnis wird.
- Ahmen Sie Körpersprache und Wortwahl des Mannes nach (Guéguen & Martin, 2008; Guéguen, 2009).

11.3 Für Männer: So klappt's mit dem Date

- Achten Sie darauf, dass sich Blumen (am besten rote Rosen) in der Umgebung befinden.
- Achten Sie auf angenehme Umgebungsdüfte (z.b. Duft frischer Croissants oder von Kaffee).
- Bei Sonnenschein sind die Erfolgschancen besser.
- Haben Sie eine Playlist mit romantischen Liebessongs.
- Vermeiden Sie übermäßigen Fleischkonsum. Auf Frauen wirkt der daraus resultierende Körpergeruch wenig attraktiv.
- Tragen Sie eine Feuerwehrmann-Uniform.
- Haben Sie stets einen Gitarrenkoffer dabei.
- Sprechen Sie mit tiefer Stimme.
- Fahren Sie ein teures Auto.
- Sorgen Sie dafür, dass Sie der Angebeteten immer mal wieder „zufällig" begegnen (Effekt der bloßen Darbietung).
- Berühren Sie die Frau beim ersten Treffen leicht am Arm (Guéguen, 2007).
- Machen Sie erst ein bisschen Smalltalk, bevor Sie nach der Telefonnummer fragen (Guéguen, 2008).
- Sorgen Sie dafür, dass das erste Date zu einem aufregenden Erlebnis wird.

11.4 Wie Sie als Kellnerin mehr Trinkgeld erhalten[110]

- Tragen Sie eine Blume in den Haaren.
- Tragen Sie professionelles Make-up.
- Tragen Sie roten Lippenstift.
- Färben Sie Ihre Haare blond.
- Tragen Sie rote Kleidung.
- Bitten Sie Ihren Chef, pro-soziale Songs in die Playlist aufzunehmen.
- Stellen Sie sich mit ihrem Namen vor (Garrity & Degelman, 1990).
- Berühren Sie den Gast leicht am Arm (Ebesu Hubbard et al., 2003).
- Wiederholen Sie die Bestellung des Gastes („Für Sie also Schnitzel mit Pommes"; Van Baaren et al., 2003).
- Gehen Sie beim Aufnehmen der Bestellung in die Hocke um auf Augenhöhe zu sein (Lynn & Mynier, 1993).
- Stehen Sie beim Aufnehmen der Bestellung sehr nah am Gast (Jacob & Guéguen, 2010).
- Lächeln Sie! (Tidd & Lockard, 1978).
- Verkaufen, Verkaufen, Verkaufen! Je mehr die Gäste bestellen, desto höher fällt das Trinkgeld normalerweise aus (Lynn, 2010).
- Malen Sie einen Smiley auf die Rückseite der Rechnung (Rind & Bordia, 1996).
- Malen Sie eine Sonne auf die Rechnung (Guéguen & LeGohérel, 2000).

---

[110] Einige der Tipps funktionieren natürlich auch bei männlichen Kellnern.

➤ Falls möglich: Sprechen Sie den Gast mit seinem Namen an (Rodrigue, 2012).
➤ Geben Sie dem Gast eine kleine Süßigkeit (Strohmetz et al., 2002).
➤ Loben Sie den Gast für seine Essens-Entscheidung („Gute Wahl!"; Seiter, 2007).

Auflösung der Quizfragen

Kapitel 1 (Macht der Situation): Wie viel Prozent der Menschen, würden einer anderen Person (mit Herzproblemen) einen lebensgefährlichen Elektroschock verpassen, nur weil ihnen ein (vermeintlicher) Wissenschaftler einredet, dass dies für das Experiment erforderlich sei?

a) 0,5%

b) 8%

c) 23%

d) 63% (richtige Antwort)

Kapitel 2 (Aussehen): Ein Mann bittet auf offener Straße eine Frau um ihre Telefonnummer, um sie später zu einem Date einzuladen. Wann sind seine Erfolgschancen am größten?

a) Wenn der Mann einen schwarzen Gitarrenkoffer mit sich trägt? (richtige Antwort)

b) Wenn der Mann eine schwarze Sporttasche dabei hat?

c) Wenn der Mann nichts davon dabei hat?

Kapitel 3 (Stimme): Wie viel Prozent unserer Kommunikation ist nonverbal (Stimme, Körpersprache, Mimik)?

a) 12%

b) 43%

c) 74%

c) 93%

d) Die Frage lässt sich nicht beantworten. Jede Gesprächssituation ist anders. (richtige Antwort)

Auflösung der Quizfragen

Kapitel 4 (Musik): Welche der folgenden Aussagen trifft zu? (Mehrfachnennung möglich)

a) Wenn Menschen langsame und deprimierende Musik hören, trinken sie lieber Eistee als Red Bull.

b) Wenn Menschen im Supermarkt mit französischer Musik beschallt werden, kaufen sie eher französischen Wein. (richtige Antwort)

c) Wenn Menschen schnelle und laute Musik hören, trinken sie weniger, weil sie durch die Musik abgelenkt werden.

d) Wenn Frauen romantische Songs hören, sind sie danach eher bereit, einem Verehrer ihre Telefonnummer zu geben. (richtige Antwort)

Kapitel 5 (Gerüche): Welche der folgenden Aussagen trifft zu? (Mehrfachnennung möglich)

a) Wenn Croissant-Duft in der Luft liegt, sind Frauen offener für männliche Annäherungsversuche. (richtige Antwort)

b) Wenn Pfefferminz-Duft in der Luft liegt, greifen Menschen eher zu Luxus-Produkten als wenn Vanille-Duft versprüht wurde.

c) Der Geruch von Frauentränen wirkt auf Männer wie ein Aphrodisiakum.

d) Wenn Männer Fleisch essen, wird ihr Körpergeruch von Frauen als angenehmer und attraktiver eingestuft.

e) Wenn Männer Knoblauch essen, wird ihr Körpergeruch von Frauen als intensiver und weniger attraktiv eingestuft. (richtige Antwort)

Kapitel 6 (Geld): Welche dieser Aussagen trifft zu?

a) Menschen, die an Luxus-Boutiquen vorbeischlendern, sind besonders hilfsbereit, weil Luxusprodukte (Uhren, Schmuck) positive Emotionen auslösen.

b) Wenn Versuchspersonen an Geld denken, haben Sie in der Folge mehr Lust auf soziale Kontakte (und Sex).

c) Kurz nachdem Menschen am Geldautomaten waren, sind sie hilfsbereiter.

d) Wenn Menschen dazu gebracht werden, an Geld zu denken, sind sie in der Folge leistungsbereiter. (richtige Antwort)

Kapitel 7 (Natur): Welche dieser Aussagen trifft zu?

a) Wenn Kinder mit AD(H)S durch einen Park spazieren, sind sie in der Folge schlechter in kognitiven Tests, weil ihre Aufmerksamkeit durch die vielen Natureindrücke (Blumen, Vögel etc.) schon beansprucht wurde.

Auflösung der Quizfragen

b) Wenn Frauen von Männern per Anhalter mitgenommen werden wollen, sollten sie einen Blumenstrauß in der Hand halten.

c) Wenn Männer von Frauen per Anhalter mitgenommen werden wollen, sollten sie einen Blumenstrauß in der Hand halten. (richtige Antwort)

d) Wenn Frauen eine rote Blume in den Haaren tragen, hilft man Ihnen eher als wenn sie eine weiße Blume im Haar tragen.

Kapitel 8 (Wetter): *Welche dieser Aussagen trifft zu? (Mehrfachnennung möglich)*

a) An sonnigen Tagen stehen die Chancen besser, dass Frauen sich auf ein Date einlassen. (richtige Antwort)

b) An sonnigen Tagen erhalten Kellnerinnen deutlich mehr Trinkgeld. **(noch nicht eindeutig geklärt)**

c) An sonnigen Tagen ist es schwerer eine Mitfahrgelegenheit zu bekommen, da Autofahrer vom Sonnenlicht geblendet werden und den Anhalter schlechter sehen.

Kapitel 9 (Orte der Hilfsbereitschaft): *Welche dieser Aussagen trifft zu?*

a) Menschen in New York (USA) sind hilfsbereiter als Menschen in Rio de Janeiro (Brasilien).

b) Je mehr Menschen sich in der Umgebung befinden, desto höher ist die Wahrscheinlichkeit, dass uns im Falle eines Unfalls jemand zu Hilfe eilt.

c) Menschen, die sich vor einer Kirche aufhalten, sind hilfsbereiter als Menschen die sich in der Nähe eines Blumengeschäfts aufhalten.

d) Menschen, die sich vor einem Krankenhaus aufhalten, sind besonders hilfsbereit. (richtige Antwort)

Kapitel 10 (Big Brother): *Welche dieser Aussagen trifft zu?*

a) Abbildungen von Augenpaaren machen uns feindseliger und egoistischer, weil wir uns bedroht fühlen

b) Abbildungen von Blumen machen Menschen hilfsbereiter als Abbildungen von Augenpaaren.

c) Abbildungen von Blumen (im Gegensatz zu Augenpaaren) führen dazu, dass Menschen ihren Müll wegräumen.

d) Abbildungen von Augenpaaren können dazu führen, dass Menschen mehr Geld für den guten Zweck spenden. (richtige Antwort)

Literaturverzeichnis

Aarts, H., Chartrand, T. L., Custers, R., Danner, U., Dik, G., Jefferis, V. E., & Cheng, C. M. (2005). Social stereotypes and automatic goal pursuit. Social Cognition, 23, 465–490.

Ackerman, J. M., Nocera, C. C., & Bargh, J. A. (2010). Incidental haptic sensations influence social judgments and decisions. Science, 328(5986), 1712-1715.

Aknin, L. B., Barrington-Leigh, C. P., Dunn, E. W., Helliwell, J. F., Burns, J., Biswas-Diener, R., Kemeza, I., Nyende, P., Ashton-James, C. E., & Norton, M. I. (2013). Prosocial spending and well-being: Cross-cultural evidence for a psychological universal. Journal of Personality and Social Psychology, 104, 635-652.

Aknin, L. B., Dunn, E. W., Sandstrom, G. M., & Norton, M. I. (2013). Does social connection turn good deeds into good feelings? On the value of putting the "social" into prosocial spending. International Journal of Happiness and Development, 1(2), 155-171.

Aknin, L. B., Hamlin, J.K. & Dunn, E. W. (2012). Giving leads to happiness in young children. PLoS ONE, 7(6), e39211.

Aknin, L.B., Norton, M.I., & Dunn, E.W. (2009). From wealth to well-being? Money matters, but less than people think. Journal of Positive Psychology, 4, 523–527.

Albrecht, J., Demmel, M., Schöpf, V., Kleemann, A. M., Kopietz, R., May, J., ... & Wiesmann, M. (2011). Smelling chemosensory signals of males in anxious versus nonanxious condition increases state anxiety of female subjects. Chemical senses, 36(1), 19-27.

Alexander, B. K., Beyerstein, B. L., Hadaway, P. F., & Coambs, R. B. (1981). Effect of early and later colony housing on oral ingestion of morphine in rats. Pharmacology Biochemistry and Behavior, 15(4), 571-576.

Amato, P. R. (1983). Helping behavior in urban and rural environments: Field studies based on a taxonomic organization of helping episodes. Journal of Personality and Social Psychology, 45(3), 571.

Aron, A., Norman, C. C., Aron, E. N., McKenna, C., & Heyman, R. E. (2000). Couples' shared participation in novel and arousing activities and experienced relationship quality. Journal of personality and social psychology, 78(2), 273.

Asch, S. E. (1956). Studies of independence and conformity: I. A minority of one against a unanimous majority. Psychological monographs: General and applied, 70(9), 1.

Atchley, R. A., Strayer, D. L., & Atchley, P. (2012). Creativity in the wild: Improving creative reasoning through immersion in natural settings. PloS one, 7(12), e51474.

Baranowski, A. M., & Hecht, H. (2015). Gender differences and similarities in receptivity to sexual invitations: Effects of location and risk perception. Archives of sexual behavior, 44(8), 2257-2265.

Bargh, J. A., Chen, M., & Burrows, L. (1996). Automaticity of social behavior: Direct effects of trait construct and stereotype activation on action. Journal of personality and social psychology, 71(2), 230.

Baron, R. A. (1997). The sweet smell of... helping: Effects of pleasant ambient fragrance on prosocial behavior in shopping malls. Personality and Social Psychology Bulletin, 23, 498-503.

Baron, R., & Thomley, J. (1994). A whiff of reality: positive affect as a potential mediator of the effects of pleasant fragrances on task performance and helping. Environment and Behavior, 26, 766–784.

Barton, J., & Pretty, J. (2010). What is the best dose of nature and green exercise for improving mental health? A multi-study analysis. Environmental science & technology, 44(10), 3947-3955.

Bateson, M., Nettle, D., & Roberts, G. (2006). Cues of being watched enhance cooperation in a real-world setting. Biology letters, 2(3), 412-414.

Bateson, M., Robinson, R., Abayomi-Cole, T., Greenlees, J., O'Connor, A., & Nettle, D. (2015). Watching eyes on potential litter can reduce littering: evidence from two field experiments. PeerJ, 3, e1443.

Literaturverzeichnis

Batson, C., J. Coke, F. Chard, D. Smith, and A. Taliaferro. 1979. Generality of the 'glow of goodwill':Effects of mood on helping and information acquisition. Social Psychology Quarterly 42: 176–179.

Beall, A . T. & Tracy, J.L. (2013). Women more likely to wear red or pink at peak fertility. Psychological Science, 24, 1837-1841.

Bégin, G. (1978). Sex makes a difference: 1. Evidence from a modeling study conducted in a natural setting. Psychological Reports, 43(1), 103-109.

Behling, D. U., & Williams, E. A. (1991). Influence of dress on perception of intelligence and expectations of scholastic achievement. Clothing and Textiles Research Journal, 9(4), 1-7.

Bensafi, M., Brown, W. M., Khan, R., Levenson, B., & Sobel, N. (2004). Sniffing human sex-steroid derived compounds modulates mood, memory and autonomic nervous system function in specific behavioral contexts. Behavioural brain research, 152(1), 11-22.

Berman, M. G., Jonides, J., & Kaplan, S. (2008). The cognitive benefits of interacting with nature. Psychological science, 19(12), 1207-1212.

Berman, M. G., Kross, E., Krpan, K. M., Askren, M. K., Burson, A., Deldin, P. J., ... & Jonides, J. (2012). Interacting with nature improves cognition and affect for individuals with depression. Journal of affective disorders, 140(3), 300-305.

Berto, R. (2005). Exposure to restorative environments helps restore attentional capacity. Journal of environmental psychology, 25(3), 249-259.

Blevins, G. A., & Murphy, T. (1974). Feeling good and helping: Further phonebooth findings. Psychological Reports, 34(1), 326-326.

Bickman, L., 1971. "The effect of social status on the honesty of others", The Journal of Social Psychology 85, pp. 87-92.

Bickman, L., 1974. "The social power of a uniform", Journal of Applied Social Psychology 4, pp. 47-61.

Blank, H., Musch, J., & Pohl, R. F. (2007). Hindsight bias: On being wise after the event. Social Cognition, 25(1), 1-9.

Boucher, H. C., & Kofos, M. N. (2012). The idea of money counteracts ego depletion effects. Journal of Experimental Social Psychology, 48, 804– 810. http://dx.doi.org/10.1016/j.jesp.2012.02.003

Bosmans, A. (2006). Scents and sensibility: When do (in)congruent ambient scents influence product evaluations? Journal of Marketing, 70(3), 32–43.

Bouvard, V., Loomis, D., Guyton, K. Z., Grosse, Y., Ghissassi, F. E., Benbrahim-Tallaa, L., ... & Monograph Working Group. (2015). Carcinogenicity of consumption of red and processed meat. The Lancet. Oncology, 16(16), 1599.

Bozarth, M. A., Murray, A., & Wise, R. A. (1989). Influence of housing conditions on the acquisition of intravenous heroin and cocaine self-administration in rats. Pharmacology Biochemistry and Behavior, 33(4), 903-907.

Bozarth, M. A., & Wise, R. A. (1985). Toxicity associated with long-term intravenous heroin and cocaine self-administration in the rat. Jama, 254(1), 81-83.

Burck, E. (2016). Neue Psychologie der Beeinflussung: Die Erforschung der Manipulation. BoD–Books on Demand.

Cai, W., Huang, X., Wu, S., & Kou, Y. (2015). Dishonest behavior is not affected by an image of watching eyes. Evolution and Human Behavior, 36, 110–116.

Carter, T. J., & Gilovich, T. (2010). The relative relativity of material and experiential purchases. Journal of Personality and Social Psychology, 98(1), 146-159.

Chartrand, T. L., Huber, J., Shiv, B., & Tanner, R. J. (2008). Nonconscious goals and consumer choice. Journal of Consumer Research, 35(2), 189-201.

Christakis, N. A., & Fowler, J. H. (2008). The collective dynamics of smoking in a large social network. New England journal of medicine, 358(21), 2249-2258.

Cockerton, T., Moore, S., & Norman, D. (1997). Cognitive test performance and background music. Perceptual and Motor Skills, 85(3 suppl), 1435-1438.

Cohen, B.,Waugh, G.,& Place, K. (1989). At the movies: An unobtrusive study of arousal-attraction. Journal of Social Psychology, 129, 691– 693.

Literaturverzeichnis

Correll, J., Park, B., Judd, C. M., & Wittenbrink, B. (2002). The police officer's dilemma: using ethnicity to disambiguate potentially threatening individuals. Journal of personality and social psychology, 83(6), 1314.

Correll, J., Park, B., Judd, C. M., & Wittenbrink, B. (2007). The influence of stereotypes on decisions to shoot. European Journal of Social Psychology, 37(6), 1102-1117.

Cronin, N., Barrett, R., & Carty, C. (2012). Long-term use of high-heeled shoes alters the neuromechanics of human walking. J Appl Physiol, 112, 1054-1058.

Crust, L., & Clough, P. J. (2006). The influence of rhythm and personality in the endurance response to motivational asynchronous music. Journal of Sports Sciences, 24(2), 187-195.

Cullum, J., & Harton, H. C. (2007). Cultural evolution: Interpersonal influence, issue importance, and the development of shared attitudes in college residence halls. Personality and social psychology bulletin.

Cunningham, M. R. (1979). Weather, mood, and helping behavior: Quasi experiments with the sunshine samaritan. Journal of Personality and Social Psychology, 37(11), 1947.

de Groot, J. H., Smeets, M. A., Kaldewaij, A., Duijndam, M. J., & Semin, G. R. (2012). Chemosignals communicate human emotions. Psychological science, 23(11), 1417-1424.

de Groot, J. H., Smeets, M. A., Rowson, M. J., Bulsing, P. J., Blonk, C. G., Wilkinson, J. E., & Semin, G. R. (2015). A sniff of happiness. Psychological science, 0956797614566318.

De Lange, M. A., Debets, L. W., Ruitenburg, K. & Ho lland, R. W. (2012). Making less of a mess: Scent exposure as a tool for behavioral chang e. Social Influence, 7 (2), 90–97.

Denissen, J. J. A., Butalid, L., Penke, L., & van Aken, M. A. G. (2008). The effects of weather on daily mood: A multilevel approach. Emotion, 8, 662-667.

Deutsch, M., & Collins, M. E. (1951). Interracial housing: A psychological evaluation of a social experiment. U of Minnesota Press.

Diener, E., & Biswas-Diener, R. (2002). Will money increase subjective well-being? Social Indicators Research, 57, 119–169.

Diener, E. & S. Oishi (2000). 'Money and happiness: Income and subjective well being across nations', in E. Diener and E.M. Suh (eds.), Subjective Wellbeing across Cultures (MIT Press, Cambridge, MA).

Diette, G. B., Lechtzin, N., Haponik, E., Devrotes, A., & Rubin, H. R. (2003). Distraction therapy with nature sights and sounds reduces pain during flexible bronchoscopy: A complementary approach to routine analgesia. Chest, 123(3), 941-948.

Dijksterhuis, A., & Van Knippenberg, A. (1998). The relation between perception and behavior, or how to win a game of trivial pursuit. Journal of personality and social psychology, 74(4), 865.

Dijksterhuis, A., Aarts, H., Bargh, J. A., & van Knippenberg, A. (2000). On the relation between associative strength and automatic behavior. Journal of Experimental Social Psychology, 36(5), 531-544.

Di Muro, F., Murray, K. B., 2012. An Arousal Regulation Explanation of Mood Effects on Consumer Choice. Journal of Consumer Research, 39 (October), 574-84.

Dion, K. (1972). Physical attractiveness and evaluation of children's transgressions. Journal of Personality and Social Psychology, 24,207-213.

Doyen, S., Klein, O., Pichon, C. L., & Cleeremans, A. (2012). Behavioral priming: it's all in the mind, but whose mind?. PloS one, 7(1), e29081.

Dunn, E.W., Aknin, L., & Norton, M.I. (2008). Spending money on others promotes happiness. Science, 319, 1687–1688.

Dunn, E. W., Aknin, L. B., & Norton, M. I. (2014). Prosocial spending & happiness using money to benefit others pays off. Current Directions in Psychological Science, 23, 41– 47. http://dx.doi.org/10.1177/0963721413512503

Dunn, E. W., Gilbert, D. T., & Wilson, T. D. (2011). If money doesn't make you happy, then you probably aren't spending it right. Journal of Consumer Psychology, 21(2), 115–125.

Dutton, D. G., & Aron, A. P. (1974). Some evidence for heightened sexual attraction under conditions of high anxiety. Journal of personality and social psychology, 30(4), 510.

Dye, C. (2008). Health and urban living. Science, 319(5864), 766-769.

Ebersole, C. R., Atherton, O. E., Belanger, A. L., Skulborstad, H. M., Allen, J. M., Banks, J. B., ... & Brown, E. R. (2016). Many Labs 3: Evaluating participant pool quality across the academic semester via replication. Journal of Experimental Social Psychology, 67, 68-82.

Ebesu Hubbard, A. S., Tsuji, A., Williams, C., & Seatriz, V. (2003). Effects of touch on gratuities received insame-gender and cross-gender dyads. Journal of Applied Social Psychology, 33(11), 2427-2438.

Ekström, M. (2012). Do watching eyes affect charitable giving? Evidence from a field experiment. Experimental Economics, 15(3), 530-546.

Emswiller, T., Deaux, K., & Willits, J. E. (1971). Similarity, sex, and requests for small favors. Journal of Applied Social Psychology, 1, 284-291.

Ernest-Jones, M., Nettle, D., & Bateson, M. (2011). Effects of eye images on everyday cooperative behavior: a field experiment. Evolution and Human Behavior, 32(3), 172-178.

Fayard, J. V., Bassi, A. K., Bernstein, D. M., & Roberts, B. W. (2009). Is cleanliness next to godliness? Dispelling old wives' tales: Failure to replicate Zhong and Liljenquist (2006). Journal of Articles in Support of the Null Hypothesis, 6(2), 21-30.

Fialová, J., Roberts, S. C., & Havlíček, J. (2016). Consumption of garlic positively affects hedonic perception of axillary body odour. Appetite, 97, 8-15.

Field, T., Diego, M., Hernandez-Reif, M., Cisneros, W., Feijo, L., Vera, Y., ... & Claire He, Q. (2005). Lavender fragrance cleansing gel effects on relaxation. International Journal of Neuroscience, 115(2), 207-222.

Fischer, P., Krueger, J. I., Greitemeyer, T., Vogrincic, C., Kastenmüller, A., Frey, D., ... & Kainbacher, M. (2011). The bystander-effect: a meta-analytic review on bystander intervention in dangerous and non-dangerous emergencies. Psychological bulletin, 137(4), 517.

Fjeld, T. (2000). The effect of interior planting on health and discomfort among workers and school children. HortTechnology, 10(1), 46-52.

Flynn, S., & Greenberg, A. E. (2012). Does Weather Actually Affect Tipping? An Empirical Analysis of Time-Series Data. Journal of Applied Social Psychology, 42(3), 702-716.

Foster, C. A., Witcher, B. S., Campbell, K. W., & Green, J. D. (1998). Arousal and attraction: Evidence for automatic and controlled processes. Journal of Personality and Social Psychology, 74(1), 86-101.

Fox, J. G., & Embrey, E. D. (1972). Music—an aid to productivity. Applied ergonomics, 3(4), 202-205.

Fried, R., & Berkowitz, L. (1979). Music hath charms...and can influence helpfulness. Journal of Applied Social Psychology, 9, 199-208.

Furnham, A., & Bradley, A. (1997). Music while you work: The differential distraction of background music on the cognitive test performance of introverts and extraverts. Applied Cognitive Psychology, 11(5), 445-455.

Gamble, K. R., Howard, J. H., & Howard, D. V. (2014). Not just scenery: Viewing nature pictures improves executive attention in older adults. Experimental Aging Research, 40(5), 513–530.

Gámez, E., Díaz, J. M., & Marrero, H. (2011). The uncertain universality of the Macbeth effect with a Spanish sample. The Spanish journal of psychology, 14(01), 156-162.

Garrity, K., & Degelman, D. (1990). Effect of Server Introduction on Restaurant Tipping1. Journal of Applied Social Psychology, 20(2), 168-172.

Gasiorowska, A., Zaleskiewicz, T., & Wygrab, S. (2012). Would you do something for me?: The effects of money activation on social preferences and social behavior in young children. Journal of Economic Psychology, 33, 603–608.

Gardner, J., & Oswald, A. J. (2007). Money and mental wellbeing: A longitudinal study of medium-sized lottery wins. Journal of health economics, 26(1), 49-60.

Gelstein, S., Yeshurun, Y., Rozenkrantz, L., Shushan, S., Frumin, I., Roth, Y., & Sobel, N. (2011). Human tears contain a chemosignal. Science, 331(6014), 226-230.

Gildersleeve, K. A., Haselton, M. G., Larson, C. M., & Pillsworth, E. G. (2012). Body odor attractiveness as a cue of impending ovulation in women: Evidence from a study using hormone-confirmed ovulation. Hormones and behavior, 61(2), 157-166.

Gino, F., & Mogilner, C. (2014). Time, money, and morality. Psychological Science, 25, 414–421.

Literaturverzeichnis

Greenwald, A. G., Oakes, M. A., & Hoffman, H. G. (2003). Targets of discrimination: Effects of race on responses to weapons holders. Journal of Experimental Social Psychology, 39(4), 399-405.

Greitemeyer, T. (2009). Effects of songs with prosocial lyrics on prosocial thoughts, affect, and behaviour. Journal of Experimental Social Psychology, 45, 186-190.

Greitemeyer, T., & Schwab, A. (2014). Employing music exposure to reduce prejudice and discrimination. Aggressive Behavior. Volume 9999. pages 1-10.

Gruder, C. L. (1977). Choice of comparison persons in evaluating oneself. Social comparison processes: Theoretical and empirical perspectives, 21, 42.

Guéguen, N. (2001). Effect of a perfume on prosocial behavior of pedestrians. Psychological reports, 88(3c), 1046-1048.

Guéguen, N. (2007a). Bust size and hitchhiking: A field study. Perceptual and Motor Skills, 105(3 suppl), 1294-1298.

Gueguen, N. (2007b). Women's bust size and men's courtship solicitation. Body Image, 4(4), 386-390.

Guéguen, N. (2007). The effect of modeling on tipping behavior. Studia Psychologica, 49(3), 275.

Guéguen, N. (2007). Courtship compliance: The effect of touch on women's behavior. Social Influence, 2(2), 81-97.

Guéguen, N. (2008). Brief Report: The Effects of Women's Cosmetics on Men's Approach: An Evaluation in a Bar. North American Journal of Psychology, 10(1).

Guéguen, N. (2009). Man's uniform and receptivity of women to courtship request: Three field experiments with a firefighter's uniform. European Journal of Social Sciences, 12(2), 235-240.

Guéguen, N. (2009). Mimicry and seduction: An evaluation in a courtship context. Social Influence, 4(4), 249-255.

Guéguen, N. (2011). Women exposure to pleasant ambient fragrance and receptivity to a man's courtship request. Chemosensory Perception, 4(4), 195-197.

Guéguen, N. (2011). "Say it with flowers": The effect of flowers on mating attractiveness and behavior. Social Influence, 6(2), 105-112.

Gueguen, N. (2011). Brief Report: Women's Hair Color and Donations: Blonds Receive More Money. North American Journal of Psychology, 13(3).

Guéguen N. (2012). The sweet smell of ... implicit helping: effects of pleasant ambient fragrance on spontaneous help in shopping malls. J Soc Psychol. 2012 Jul-Aug;152(4):397-400.

Guéguen, N. (2012). Color and women attractiveness: When red clothed women are perceived to have more intense sexual intent. The Journal of social psychology, 152(3), 261-265.

Guéguen, N. (2012). Hair color and courtship: Blond women received more courtship solicitations and redhead men received more refusals. Psychological Studies, 57(4), 369-375.

Guéguen, N. (2012). Hair color and wages: Waitresses with blond hair have more fun. The Journal of Socio-Economics, 41(4), 370-372.

Guéguen, N. (2012). Does red lipstick really attract men? An evaluation in a bar. International Journal of Psychological Studies, 4(2), 206.

Guéguen, N. (2012). The sweet color of an implicit request: women's hair color and spontaneous helping behavior. Social Behavior and Personality: an international journal, 40(7), 1099-1102.

Guéguen, N. (2012). "Say it... Near the Flower Shop": Further Evidence of the Effect of Flowers on Mating. The Journal of social psychology, 152(5), 529-532.

Guéguen, N. (2012). The sweet color of an implicit request: women's hair color and spontaneous helping behavior. Social Behavior and Personality: an international journal, 40(7), 1099-1102.

Guéguen, N. (2013). Weather and courtship behavior: A quasi-experiment with the flirty sunshine. Social Influence, 8(4), 312-319.

Guéguen, N. (2013). Effects of a tattoo on men's behavior and attitudes towards women: An experimental field study. Archives of sexual behavior, 42(8), 1517-1524.

Gueguen, N., & Jacob, C. (2011). Enhanced female attractiveness with use of cosmetics and male tipping behavior in restaurants. Journal of Cosmetic Science, 62(3), 283.

Literaturverzeichnis

Guéguen, N., & Jacob, C. (2012). Lipstick and tipping behavior: When red lipstick enhance waitresses tips. International Journal of Hospitality Management, 31(4), 1333-1335.

Guéguen, N., & Jacob, C. (2013). Behavioral consequences of money: When the automated teller machine reduces helping behavior. The Journal of Socio-Economics, 47, 103-104.

Guéguen, N., & Jacob, C. (2013). Color and cyber-attractiveness: red enhances men's attraction to women's internet personal ads. Color Research & Application, 38(4), 309-312.

Guéguen, N., & Jacob, C. (2014). Clothing color and tipping gentlemen patrons give more tips to waitresses with red clothes. Journal of Hospitality & Tourism Research, 38(2), 275-280.

Guéguen, N., & Jacob, C. (2014). "Here comes the sun": Evidence of the Effect of Sun on Compliance to a Survey Request. Survey Practice, 7(5).

Gueguen, N., Jacob, C., & Martin, A. (2009). Mimicry in social interaction: Its effect on human judgment and behavior. European Journal of Social Sciences, 8(2), 253-259.

Guéguen, N. (2015). High heels increase women's attractiveness. Archives of sexual behavior, 44(8), 2227-2235.

Jacob, C., Lourel, M., & Le Guellec, H. (2007). Effect of background music on consumer's behavior: A field experiment in a open-air market. European Journal of Scientific Research, 16(2), 268-272.

Guéguen, N., Jacob, C., Le Guellec, H., Morineau, T., & Lourel, M. (2008). Sound level of environmental music and drinking behavior: a field experiment with beer drinkers. Alcoholism: clinical and experimental research, 32(10), 1795-1798.

Guéguen, N., & Lamy, L. (2009). Women's hair color and hitchhiking: gentlemen drivers prefer blonds. Perceptual and Motor Skills.

Guéguen, N., & Lamy, L. (2012). Men's social status and attractiveness. Swiss Journal of Psychology.

Gueguen, N., & Lamy, L. (2013). The effect of facial makeup on the frequency of drivers stopping for hitchhikers. Psychological reports, 113(1).

Guéguen, N., & Lamy, L. (2013). Weather and helping: additional evidence of the effect of the sunshine Samaritan. The Journal of social psychology, 153(2), 123-126.

Guéguen, N., & Lamy, L. (2013). Women's hair color and survey response rate: A field experiment. Journal of Human Behavior in the Social Environment, 23(3), 383-387.

Guéguen, N., & LeGohérel, P. (2000). Effect on tipping of barman drawing a sun on the bottom of customers' checks. Psychological Reports, 87(1), 223-226.

Guéguen N., Le Guellec H., & Jacob C. (2004). Sound level of background music and alcohol consumption: an empirical evaluation. Percept Mot Skills, 99(1), 34-8.

Guéguen, N., Marchand, M., Pascual, A., & Lourel, M. (2008). Foot-in-the-door technique using a courtship request: A field experiment. Psychological reports, 103(2), 529-534.

Guéguen, N., Meineri, S., & Fischer-Lokou, J. (2014). Men's music ability and attractiveness to women in a real-life courtship context. Psychology of Music, 42(4), 545-549.

Guéguen, N., Meineri, S., & Stefan, J. (2012). " Say it with Flowers"... to Female Drivers: Hitchhikers Holding Flowers and Driver Behavior. North American Journal of Psychology, 14(3), 623.

Guéguen, N., & Petr, C. (2006). Odors and consumer behavior in a restaurant. International Journal of Hospitality Management, 25(2), 335-339.

Guéguen, N., & Pichot, N. (2001). The influence of status on pedestrians' failure to observe a road-safety rule. Journal of Social Psychology, 141(3), 413-415.

Guéguen, N., & Stefan, J. (2013). Hitchhiking and the 'Sunshine Driver': Further Effects of Weather Conditions on helping behavior. Psychological Reports, 113(3), 994-1000.

Guéguen, N., & Stefan, J. (2015). Men's judgment and behavior toward women wearing high heels. Journal of Human Behavior in the Social Environment, 25(5), 416-425.

Guéguen, N., & Stefan, J. (2016). "Green Altruism". Short Immersion in Natural Green Environments and Helping Behavior. Environment and Behavior, 48(2), 324-342.

Guéguen, N., Stefan, J., Jacob, C., & Sobecki, M. (2014). She wore a red/white flower in her hair: The effect of hair ornamentation on compliance with a survey request. Marketing Bulletin, 25.

Guéguen, N., Stefan, J., & Renault, Q. (2016). Judgments toward women wearing high heels: a forced-choice evaluation. Fashion and Textiles, 3(1), 1-7.

Guéguen, N., Stefan, J., & Ruiz, C. (2015). Carrying Flowers on a City Street Increases Others' Spontaneous Helping Behavior. Ecopsychology, 7(3), 153-159.

Han, K. T. (2008). Influence of limitedly visible leafy indoor plants on the psychology, behavior, and health of students at a junior high school in Taiwan. Environment and Behavior.

Harris, M. B., James, J., Chavez, J., Fuller, M. L., Kent, S., Massanari, C., ... & Walsh, F. (1983). Clothing: Communication, compliance, and choice. Journal of Applied Social Psychology, 13(1), 88-97.

Haselton, M.G., Mortezaie, M., Pillsworth, E. G., Bleske-Rechek, A., and Frederick, D.A. (2007). Ovulatory shifts in human female ornamentation: Near ovulation, women dress to impress. Hormones and Behavior, 51, 40-5.

Havlíček, J., Dvořáková, R., Bartoš, L. & Flegr, J. (2006). Non-advertized does not mean concealed: body odour changes across the human menstrual cycle. Ethology, 112(1), 81-90.

Havlicek, J., & Lenochova, P. (2006). The effect of meat consumption on body odor attractiveness. Chemical senses, 31(8), 747-752.

Highhouse, S. (1996). Context-dependent selection: The effects of decoy and phantom job candidates. Organizational Behavior and Human Decision Processes, 65, 68–76.

Hirsch, A. R. (1995). Effects of ambient odors on slot-machine usage in a Las Vegas casino. Psychology & Marketing, 12(7), 585-594.

Literaturverzeichnis

Hofmann, W., Vohs, K. D., & Baumeister, R. F. (2012). What people desire, feel conflicted about, and try to resist in everyday life. Psychological Science, 23(6), 582-588.

Holland, R.W., Hendriks, M., & Aarts, H. (2005). Smells like clean spirit: Nonconscious effects of scent on cognition and behavior. Psychological Science, 16, 689–693.

Isen, A. M., & Levin, P. F. (1972). Effect of feeling good on helping: cookies and kindness. Journal of personality and social psychology, 21(3), 384.

Jacob, C. (2006) Styles of background music and consumption in a bar: An empirical evaluation. International Journal of Hospitality Management 25:4, 716-720.

Jacob, C., & Guéguen, N. (2010). The effect of physical distance between patrons and servers on tipping. Journal of Hospitality & Tourism Research, 1096348010388660.

Jacob, C., & Guéguen, N. (2014). The Effect of Employees' Clothing Appearance on Tipping. Journal of Foodservice Business Research, 17(5), 483-486.

Jacob, C., Guéguen, N., & Boulbry, G. (2010). Effects of songs with prosocial lyrics on tipping behaviour in a restaurant. International Journal of Hospitality Management, 29, 761-763.

Jacob, C., Guéguen, N., & Delfosse, C. (2012). She wore something in her hair: The effect of ornamentation on tipping. Journal of Hospitality Marketing & Management, 21(4), 414-420.

Jacob, S., Hayreh, D. J., & McClintock, M. K. (2001). Context-dependent effects of steroid chemosignals on human physiology and mood. Physiology & Behavior, 74(1), 15-27.

Johnson, R. D., & Downing, L. L. (1979). Deindividuation and valence of cues: effects on prosocial and antisocial behavior. Journal of Personality and Social Psychology, 37(9), 1532.

Jolij, J., & Meurs, M. (2011). Music alters visual perception. PLoS One, 6(4), e18861.

Juni, S., & Roth, M. M. (1985). The influence of hair color on eliciting help: Do blondes have more fun?. Social Behavior and Personality: an international journal, 13(1), 11-14.

Literaturverzeichnis

Kämpfe, J., Sedlmeier, P., & Renkewitz, F. (2010). The impact of background music on adult listeners: A meta-analysis. Psychology of Music, 0305735610376261.

Kaplan, S. (1995). The restorative benefits of nature: Toward an integrative framework. Journal of environmental psychology, 15(3), 169-182.

Kassin, S., Fein, S., Markus, H. R., & Burke, T. (2013). Social psychology (2 nd Canadian ed.) Toronto. ON: Nelson.

Keizer, K., Lindenberg, S., & Steg, L. (2008). The spreading of disorder. Science,322, 1681-1685.

Kouchaki, M., Smith-Crowe, K., Brief, A. P., & Sousa, C. (2013). Seeing green: Mere exposure to money triggers a business decision frame and unethical outcomes. Organizational Behavior and Human Decision Processes, 121, 53-61.

Kubovy, M. (1977). Response availability and the apparent spontaneity of numerical choices. Journal of Experimental Psychology: Human Perception and Performance, 3(2), 359.

Lachman, M. E., & Weaver, S. L. (1998). The sense of control as a moderator of social class differences in health and well-being. Journal of personality and social psychology, 74(3), 763.

Lamy, L., Guéguen, N., Fischer-Lokou, J., & Guegan, J. (2016). "Wrong place to get help": A field experiment on luxury stores and helping behavior. Social Influence, 11(2), 130-139.

Landy, D., & Sigall, H. (1974). Beauty is talent: Task evaluation as a function of the performer's physical attractiveness. Journal of Personality and Social Psychology, 29(3), 299.

La Piere, R.T. (1934). Attitudes vs. action. Social Forces, 13, 230 - 237.

Latané, B., & Dabbs, J. M., Jr. (1975). Sex, group size and helping in three cities. Sociometry, 38, 180-194.

Latané, B., & Darley, J. M. (1970). The unresponsive bystander: Why doesn't he help?. Prentice Hall.

Lehrner, J., Marwinski, G., Lehr, S., Johren, P., & Deecke, L. (2005). Ambient odors of orange and lavender reduce anxiety and improve mood in a dental office. Physiology & Behavior, 86(1), 92-95.

Lesiuk, T. (2005). The effect of music listening on work performance. Psychology of music, 33(2), 173-191.

Levin, P. F., & Isen, A. M. (1975). Further studies on the effect of feeling good on helping. Sociometry, 141-147.

Levine, R. V., Martinez, T. S., Brase, G., & Sorenson, K. (1994). Helping in 36 US cities. Journal of Personality and Social Psychology, 67(1), 69.

Levine, R. V., Norenzayan, A., & Philbrick, K. (2001). Cross-cultural differences in helping strangers. Journal of Cross-Cultural Psychology, 32(5), 543-560.

Levine, R. V., Reysen, S., & Ganz, E. (2008). The kindness of strangers revisited: A comparison of 24 US cities. Social Indicators Research, 85(3), 461-481.

Lewandowski, G., & Aron, A. (2004). Distinguishing arousal from novelty and challenge in initial romantic attraction between strangers. Social Behavior and Personality, 32(4), 361-372.

Li, Q., Kobayashi, M., Inagaki, H., Hirata, Y., Li, Y. J., Hirata, K., ... & Kawada, T. (2009). A day trip to a forest park increases human natural killer activity and the expression of anti-cancer proteins in male subjects. Journal of biological regulators and homeostatic agents, 24(2), 157-165.

Li, W., Moallem, I., Paller, K. A., & Gottfried, J. A. (2007). Subliminal smells can guide social preferences. Psychological science, 18(12), 1044-1049.

Liljenquist, K., Zhong, C. B., & Galinsky, A. D. (2010). The smell of virtue clean scents promote reciprocity and charity. Psychological Science, 21(3), 381-383.

Linder, M., & Saltzman, C. L. (1998). A history of medical scientists on high heels. International Journal of Health Services, 28(2), 201-225.

Lynn, M. (2009). Determinants and consequences of female attractiveness and sexiness: Realistic tests with restaurant waitresses. Archives of Sexual Behavior, 38(5), 737-745.

Lynn, M. (2011). Mega tips 2: Twenty tested techniques to increase your tips.

Lynn, M., & Mynier, K. (1993). Effect of Server Posture on Restaurant Tipping. Journal of Applied Social Psychology, 23(8), 678-685.

Lohr, V. I., & Pearson-Mims, C. H. (2000). Physical discomfort may be reduced in the presence of interior plants. HortTechnology, 10, 53–58.

Lundström, J. N., & Olsson, M. J. (2005). Subthreshold amounts of social odorant affect mood, but not behavior, in heterosexual women when tested by a male, but not a female, experimenter. Biological psychology, 70(3), 197-204.

Maas, J., Verheij, R. A., Vries, S., Spreeuwenberg, P., Schellevis, F. G., & Groenewegen, P. P. (2009). Morbidity is related to a green living environment. Journal of Epidemiology and Community Health, 9, 967–973.

Madzharov, A. V., Block, L. G., & Morrin, M. (2015). The Cool Scent of Power: Effects of Ambient Scent on Consumer Preferences and Choice Behavior. Journal of Marketing, 79(1), 83-96.

Marzoli, D., & Tommasi, L. (2009). Side biases in humans (Homo sapiens): three ecological studies on hemispheric asymmetries. Naturwissenschaften, 96(9), 1099-1106.

Matsugasaki, K., Tsukamoto, W., & Ohtsubo, Y. (2015). Two Failed Replications of the Watching Eyes Effect. Letters on Evolutionary Behavioral Science, 6(2), 17-20.

McDermott, R., Tingley, D., & Hatemi, P. K. (2014). Assortative Mating on Ideology Could Operate Through Olfactory Cues. American Journal of Political Science, 58(4), 997-1005.

McElrea, H., & Standing, F. (1992). Fast music causes fast drinking. Perceptual & Motor Skills, 75, 362.

Meston, C. M., & Frohlich, P. F. (2003). Love at first fright: Partner salience moderates roller-coaster-induced excitation transfer. Archives of sexual behavior, 32(6), 537-544.

Milgram, S. (1963). Behavioral study of obedience. The Journal of abnormal and social psychology, 67(4), 371.

Milgram, S. (1974). Obedience to authority. New York: Harper & Row.

Milgram, S. (1970). The experience of living in cities. Science, 167, 1461–1468.

Miller, S. L., & Maner, J. K. (2009). Scent of a woman men's testosterone responses to olfactory ovulation cues. Psychological Science.

Miller, G., Tybur, J. M., & Jordan, B. D. O. (2007). Ovulatory cycle effects on tip earnings by lap dancers: economic evidence for human estrus. Evoultion and human behavior, 28(6), 375-381.

Mogilner, C. (2010). The pursuit of happiness: Time, money, and social connection. Psychological Science, 21, 1348–1354.

Molinsky, A. L., Grant, A. M., & Margolis, J. D. (2012). The bedside manner of homo economicus: How and why priming an economic schema reduces compassion. Organizational Behavior and Human Decision Processes, 119, 27–37.

Mok, A., & De Cremer, D. (2015). Strengthened to forgive workplace transgressions: priming new money increases interpersonal forgiveness. Journal of Applied Social Psychology, 45(8), 437-450.

Moore, E. O. (1981). A prison environment's effct on health care service demands. Journal of Environmental Systems, 11, 17–34.

Moreland, R. L., & Beach, S. R. (1992). Exposure effects in the classroom: The development of affinity among students. Journal of Experimental Social Psychology, 28(3), 255-276.

Morris, P. H., White, J., Morrison, E. R., & Fisher, K. (2013). High heels as supernormal stimuli: How wearing high heels affects judgements of female attractiveness. Evolution and Human Behavior, 34(3), 176-181.

Mukherjee, S., Manjaly, J. A., Kumar, N., & Shah, M. (2015). For your eyes only? Consequences of monetary primes on problem solving. Unpublished manuscript, Indian Institute of Technology Gandhinagar, Ahmedabad, India.

Mulhern, R., Fieldman, G., Hussey, T., Lévêque, J. L., & Pineau, P. (2003). Do cosmetics enhance female Caucasian facial attractiveness?. International Journal of Cosmetic Science, 25(4), 199-205.

Munger, K., & Harris, S. J. (1989). Effects of an observer on handwashing in a public restroom. Perceptual and Motor Skills.

Myers, D. G. (2014). Psychologie. 3. überarbeite und erweiterte Auflage.

Nettle, D., Nott, K., & Bateson, M. (2012). 'cycle thieves, we are watching you': impact of a simple signage intervention against bicycle theft. PloS one, 7(12), e51738.

North, A. C., Hargreaves, D. J., & McKendrick, J. (1999). The influence of in-store music on wine selections. Journal of Applied psychology, 84(2), 271.

Literaturverzeichnis

North, A. C., & D. J. Hargreaves. (1999)."Can Music Move People? : The Effects of Musical Complexity and Silence on Waiting Time." Environment and Behavior 31 (1): 136-149.

North, A.C., Tarrant, M., & Hargreaves, D.J. (2004). The effects of music on helping behaviour: a field study. Environment and Behavior 36, 266-275.

North, A.C., Shilcock, A., and Hargreaves, D.J. (2003). The effect of musical style on restaurant customers' spending. Environment and Behavior, 35(5), 712-718.

Olsson, M. J., Lundström, J. N., Kimball, B. A., Gordon, A. R., Karshikoff, B., Hosseini, N., ... & Axelsson, J. (2014). The Scent of Disease Human Body Odor Contains an Early Chemosensory Cue of Sickness. Psychological science, 0956797613515681.

Park, S. H., & Mattson, R. H. (2008). Effects of flowering and foliage plants in hospital rooms on patients recovering from abdominal surgery. Hort-Technology, 18(4), 563-568.

Park, S. H., &, Young (2009). Thrapeutic inflence of plants in hospital rooms on surgical recovery. HortScience, 44, 102-105.

Park, B. J., Tsunetsugu, Y., Kasetani, T., Hirano, H., Kagawa, T., Sato, M., & Miyazaki, Y. (2007). Physiological effcts of Shinrin-yoku (taking in the atmosphere of the forest) - using salivary cortisol and cerebral activity as indicators. Journal of Physiological Anthropology, 26, 123-128.

Park, B. J., Tsunetsugu, Y., Kasetani, T., Kagawa, T., & Miyazaki, Y. (2010). The physiological effects of Shinrin-yoku (taking in the forest atmosphere or forest bathing): evidence from field experiments in 24 forests across Japan. Environmental health and preventive medicine, 15(1), 18-26.

Peen, J., Schoevers, R. A., Beekman, A. T., & Dekker, J. (2010). The current status of urban-rural differences in psychiatric disorders. Acta Psychiatrica Scandinavica, 121(2), 84-93.

Pettigrew, T. F., & Tropp, L. R. (2006). A meta-analytic test of intergroup contact theory. Journal of personality and social psychology, 90(5), 751.

Pettigrew, T. F., Tropp, L. R., Wagner, U., & Christ, O. (2011). Recent advances in intergroup contact theory. International Journal of Intercultural Relations, 35(3), 271-280.

Postmes, T., & Spears, R. (1998). Deindividuation and anti-normative behavior: A meta-analysis. Psychological Bulletin, 123, 238-259

Powdthavee, N., & Oswald, A. J. (2014). Does money make people right-wing and inegalitarian? A longitudinal study of lottery winners.

Powell, K. L., Roberts, G., & Nettle, D. (2012). Eye images increase charitable donations: Evidence from an opportunistic field experiment in a supermarket. Ethology, 118(11), 1096-1101.

Price, M. K. (2008). Fund-raising success and a solicitor's beauty capital: Do blondes raise more funds?. Economics Letters, 100(3), 351-354.

Quoidbach, J., Dunn, E. W., Petrides, K. V., & Mikolajczak, M. (2010). Money Giveth, Money Taketh Away The Dual Effect of Wealth on Happiness. Psychological Science.

Raanaas, R. K., Patil, G. G., & Hartig, T. (2012). Health benefits of a view of nature through the window: a quasi-experimental study of patients in a residential rehabilitation center. Clinical rehabilitation, 26(1), 21-32.

Raihani, N. J., & Bshary, R. (2012, June). A positive effect of flowers rather than eye images in a large-scale, cross-cultural dictator game. In Proc. R. Soc. B (p. rspb20120758). The Royal Society.

Ransdell, S. E., & Gilroy, L. (2001). The effects of background music on word processed writing. Computers in Human Behavior, 17(2), 141-148.

Richins, M. L., & Dawson, S. (1992). A Consumer Values Orientation for Materialism and Its Measurement: Scale Development and Validation. Journal of Consumer Research, 19, 303–316.

Rind, B., & Bordia, P. (1996). Effect on restaurant tipping of male and female servers drawing a happy, smiling face on the backs of customers' checks. Journal of Applied Social Psychology, 26(3), 218-225.

Roballey, T.C. (1985). The effect of music on eating behavior. Bulletin of The Psychonomic Society, 23, 221-222.

Roberts, J. A., & Roberts, C. R. (2012). Money matters: Does the symbolic presence of money affect charitable giving and attitudes among adolescents? Young Consumers, 13, 329 –336.

Rodrigue, K. M. (2012). Tipping tips: the effects of personalization on restaurant gratuity (Doctoral dissertation).

Salamé, P., & Baddeley, A. (1989). Effects of background music on phonological short-term memory. The Quarterly Journal of Experimental Psychology, 41(1), 107-122.

Sarial-Abi, G., & Vohs, K. D. (2015). Money primes and goal pursuit. Unpublished manuscript, Bocconi University, Milan, Italy.

Saxton, T. K., Lyndon, A., Little, A. C., & Roberts, S. C. (2008). Evidence that androstadienone, a putative human chemosignal, modulates women's attributions of men's attractiveness. Hormones and behavior, 54(5), 597-601.

Shanks, D. R., Newell, B. R., Lee, E. H., Balakrishnan, D., Ekelund, L., Cenac, Z., ... & Moore, C. (2013). Priming intelligent behavior: An elusive phenomenon. PloS one, 8(4), e56515.

Seiter, J. S. (2007). Ingratiation and gratuity: The effect of complimenting customers on tipping behavior in restaurants. Journal of Applied Social Psychology, 37(3), 478-485.

Sherif, M., Harvey, O. J., White, B. J., Hood, W. R., & Sherif, C. W. (1961). Intergroup cooperation and competition: The Robbers Cave experiment.

Shih, Y. N., Huang, R. H., & Chiang, H. Y. (2012). Background music: Effects on attention performance. Work, 42(4), 573-578.

Shoda, Y., Mischel, W., & Peake, P. K. (1990). Predicting adolescent cognitive and social competence from preschool delay of gratification: Identifying diagnostic conditions. Developmental Psychology, 26, 978–986.

Shotland, R. L., & Straw, M. K. (1976). Bystander response to an assault: When a man attacks a woman. Journal of Personality and Social Psychology, 34(5), 990.

Singh, D., & Bronstad, P. M. (2001). Female body odour is a potential cue to ovulation. Proceedings of the Royal Society of London B: Biological Sciences, 268(1469), 797-801.

Sparks, A., & Barclay, P. (2015). No effect on condemnation of short or long exposure to eye images. Letters on Evolutionary Behavioral Science, 6, 13-16.

Solomon, L. Z., & Grota, P. (1976). Imitation of a helpful model: The effect of level of emergency. The Journal of Social Psychology, 99(1), 29-35.

Song, C., Ikei, H., Igarashi, M., Takagaki, M., & Miyazaki, Y. (2015). Physiological and psychological effects of a walk in urban parks in fall. International journal of environmental research and public health, 12(11), 14216-14228.

Sorokowska, A., Sorokowski, P., & Szmajke, A. (2012). Does personality smell? Accuracy of personality assessments based on body odour. European Journal of Personality, 26(5), 496-503.

Sorokowska, A. (2013). Assessing personality using body odor: differences between children and adults. Journal of nonverbal behavior, 37(3), 153-163.

Spencer, N.A., McClintock, M.K., Sellergren, S.A., Bullivant, S., Jacob, S. and Menella, J.A. (2004). Social chemosignals from breastfeeding women increase sexual motivation. Horm. Behav., 46, 362–370.

Stefan, J., & Guéguen, N. (2014). Effect of hair ornamentation on helping. Psychological reports, 114(2), 491-495.

Stowell, J. R., Oldham, T., & Bennett, D. (2010). Using student response systems ("clickers") to combat conformity and shyness. Teaching of Psychology, 37(2), 135-140.

Stroebe, W., Jonas, K., & Hewstone, M. (2013). Sozialpsychologie: Eine Einführung. Springer-Verlag.

Strohmetz, D. B., Rind, B., Fisher, R., & Lynn, M. (2002). Sweetening the Till: The Use of Candy to Increase Restaurant Tipping1. Journal of Applied Social Psychology, 32(2), 300-309.

Taylor, A. F., & Kuo, F. E. (2009). Children with attention deficits concentrate better after walk in the park. Journal of attention disorders, 12(5), 402-409.

Teller, C., & Dennis, C. (2012). The effect of ambient scent on consumers' perception, emotions and behaviour: A critical review. Journal of Marketing Management, 28(1-2), 14-36.

Thompson, W. F., Schellenberg, E. G., & Letnic, A. K. (2012). Fast and loud background music disrupts reading comprehension. Psychology of Music, 40(6), 700-708.

Thornhill, R., Gangestad, S. W., Miller, R., Scheyd, G., McCollough, J. K., & Franklin, M. (2003). Major histocompatibility complex genes, symmetry, and body scent attractiveness in men and women. Behavioral Ecology, 14(5), 668-678.

Tidd, K. L., & Lockard, J. S. (1978). Monetary significance of the affiliative smile: A case for reciprocal altruism. Bulletin of the Psychonomic Society, 11(6), 344-346.

Tracy, J. L., & Beall, A. T. (2014). The impact of weather on women's tendency to wear red or pink when at high risk for conception. PloS one, 9(2), e88852.

Trzcińska, A., & Sekścińska, K. (2016). The Effects of Activating the Money Concept on Perseverance and the Preference for Delayed Gratification in Children. Frontiers in Psychology, 7.

Tsunetsugu, Y., Lee, J., Park, B. J., Tyrväinen, L., Kagawa, T., & Miyazaki, Y. (2013). Physiological and psychological effects of viewing urban forest landscapes assessed by multiple measurements. Landscape and Urban Planning, 113, 90-93.

Turner, W. R., Nakamura, T., & Dinetti, M. (2004). Global urbanization and the separation of humans from nature. Bioscience, 54(6), 585-590.

Ulrich, R. (1984). View through a window may influence recovery. Science, 224(4647), 224-225.

Van Baaren, R. B., Holland, R. W., Steenaert, B., & van Knippenberg, A. (2003). Mimicry for money: Behavioral consequences of imitation. Journal of Experimental Social Psychology, 39(4), 393-398.

Van Boven, L., & Gilovich, T. (2003). To do or to have? That is the question. Journal of Personality and Social Psychology, 85(6), 1193-1202.

Van Laar, C., Levin, S., Sinclair, S., & Sidanius, J. (2005). The effect of university roommate contact on ethnic attitudes and behavior. Journal of Experimental Social Psychology, 41, 329-345.

Vohs, K. D., Mead, N. L., & Goode, M. R. (2006). The psychological consequences of money. Science, 314, 1154-1156. http://dx.doi.org/10.1126/science.1132491

Wedekind, C., Seebeck, T., Bettens, F., & Paepke, A. J. (1995). MHC-dependent mate preferences in humans. Proceedings of the Royal Society of London B: Biological Sciences, 260(1359), 245-249.

Weinstein, N., Przybylski, A. K., & Ryan, R. M. (2009). Can nature make us more caring? Effects of immersion in nature on intrinsic aspirations and generosity. Personality and Social Psychology Bulletin, 35(10), 1315-1329.

Weinstein, N., & Ryan, R. M. (2010). When helping helps: Autonomous motivation for prosocial behavior and its influence on well-being for the helper and recipient. Journal of Personality and Social Psychology, 98(2), 222-244.

Wells, N. M. (2000). At home with nature effects of "greenness" on children's cognitive functioning. Environment and behavior, 32(6), 775-795.

Weyant, J., & Clark, R. D. (1976). Dimes and helping: The other side of the coin. Personality and Social Psychology Bulletin, 3(1), 107-110.

Whillans, A. V., Dunn, E. W., Sandstrom, G. M., Dickerson, S. S., & Madden, K. M. (2016). Is spending money on others good for your heart?. Health Psychology, 35(6), 574.

White, M. P., Alcock, I., Wheeler, B. W., & Depledge, M. H. (2013). Would you be happier living in a greener urban area? A fixed-effects analysis of panel data. Psychological science, 0956797612464659.

Wittchen, H. U., & Hoyer, J. (Eds.). (2011). Klinische Psychologie & Psychotherapie (Lehrbuch mit Online-Materialien). Springer-Verlag.

Word, C. O., Zanna, M. P., & Cooper, J. (1974). The nonverbal mediation of self-fulfilling prophecies in interracial interaction. Journal of experimental social psychology, 10(2), 109-120.

Yeoh, J.P.S., & North, A.C. (2009). The effects of musical fit on choice between competing pairs of cultural products. Empirical Musicology Review, 4(4), 130-133.

Yeoh, J.P.S., and North, A.C. (2012). The Effect of Musical Fit on Consumers' Preferences Between Competing Alternate Petrols. Psychology of Music, 40(6), 709-719.

Yeoh, J. P. S. & North, A. (2013). The Effects of Musical Fit on Consumers' Choice when Opportunity and Ability is Limited. Pertanika J. Soc. Sci. & Hum. 21 (1): 105 – 118.

Zebrowitz, L. A., Hall, J. A., Murphy, N. A., & Rhodes, G. (2002). Looking smart and looking good: Facial cues to intelligence and their origins. Personality and Social Psychology Bulletin, 28(2), 238-249.

Zell, E., & Alicke, M. D. (2010). The local dominance effect in self-evaluation: Evidence and explanations. Personality and Social Psychology Review.

Zemke, D. M. V., & Shoemaker, S. (2007). Scent across a crowded room: Exploring the effect of ambient scent on social interactions. International Journal of Hospitality Management, 26(4), 927-940.

Zhang, J. W., Piff, P. K., Iyer, R., Koleva, S., & Keltner, D. (2014). An occasion for unselfing: beautiful nature leads to prosociality. Journal of Environmental Psychology, 37, 61-72.

Zhong, C. B., & Liljenquist, K. (2006). Washing away your sins: Threatened morality and physical cleansing. Science, 313(5792), 1451-1452.

Zhou, X., Vohs, K. D., & Baumeister, R. F. (2009). The symbolic power of money: Reminders of money alter social distress and physical pain. Psychological Science, 20, 700–706.

Stichwortverzeichnis

A

AD(H)S 161, 177, 214
Alkoholsucht 35
Aphrodisiakum 97, 125, 214
Aussehen 13, 43f., 61f., 125
Autorität 23f., 26f., 50, 148

B

Blumen .. 40, 46, 161ff., 189, 198, 201ff., 206ff., 210, 214f.
Brüste .... 61, 208f.
Bystander-Effekt .... 192f.

C

Casino 103

D

Date 32, 40, 43, 58, 123, 126f., 159, 169ff., 183f., 209f., 213, 215
Deindividuation .... 51ff.
Deo 117, 122f., 128, 130
Depression .... 132, 180f.
Drogenkonsum 34
Düfte 13f., 97, 103f., 108, 110, 112f., 117, 119f., 208, 210
Duftmarketing .... 103f.

E

Effekt der bloßen Darbietung .... 16f., 209f.
Egoismus. 14, 139, 155, 162, 201, 215
Eisprung .... 123ff.
Elektroschock ... 19, 23ff., 32, 213

F

Flirten 91, 184
Foot-in-the-door-Technik 13, 208

G

Gehorsamkeit .... 26f.
Geld. 14, 22, 80, 102f., 106, 133f., 137, 139, 141, 144ff., 148ff., 153ff., 159, 162, 197, 202f., 206, 214
Geruch 34, 97f., 103, 105, 107, 115ff., 127ff., 209, 214
Gesundheit 172, 174f., 180
Graffiti 99f., 102

H

Haarfarbe .... 59ff.

243

Haarschmuck............167f., 207
Halo-Effekt...........................44
Hängebrücke....................30, 32
High Heels.........................53ff.
Hilfsbereitschaft 14, 22, 47, 87ff., 110, 112, 114, 133, 135, 141ff., 163ff., 186, 189f., 192ff., 197ff., 201, 206ff., 214f.
hindsight bias......................16f.
Hirndoping.................176, 178f.

I

Integration............................90

K

Kleidung....46ff., 125, 130, 208f., 211
Knoblauch............97, 126f., 214
Kommunikation.....69f., 72, 110, 213
Kooperation..........................65f.
Körbchengröße......................44

L

Leistungsfähigkeit.............14, 93
Leistungssteigerung..........93, 95
Liebe......14, 29, 32, 48, 91, 118f., 122, 128, 149, 163, 165, 169, 172, 210
Lippenstift.............57, 209, 211
Luxus.14, 39, 97, 107f., 133, 137, 140ff., 149, 151, 197, 208, 214

M

Macht der Situation....14, 19, 23, 33
Make-up...................44, 57, 211
mere exposure effect...............16
Milgram....23, 25ff., 50, 192, 196
Musical-Fit-Hypothese....83, 85, 87
Musik........13, 39, 46, 77ff., 93ff., 120, 131, 208, 214

N

Natur.....14, 161ff., 172ff., 178ff., 193, 214
Normen............................52f., 99
Normverletzungen..................99

P

Parfüm.....98, 105, 112, 122, 128, 130, 208
Persönlichkeit. 14, 27, 34, 44, 53, 115, 141, 144, 196
Pheromone.................122f., 127
Priming......37ff., 46, 85, 92, 139, 141, 144ff., 157, 159, 164, 172

R

Rauchen.............................35f.
Regression zur Mitte..............12
Rote Kleidung........................48
Rückschaufehler....................17

S

Schönheit 44
Sex 28, 33, 58, 122f., 133, 145, 209, 214
Solomon Asch 21, 218
Sonnenschein 184, 186, 210
Spenden 22f., 61, 155, 203
Status 45, 66, 107
Stimme 13, 69ff., 210, 213
Stimuluskontrolle .... 33ff.
Stöckelschuhe .... 53ff., 208f.

T

Tattoo 57f., 209
Teamwork 66

Trinkgeld ... 44, 47, 49, 57, 61, 91, 124, 168, 183, 186f., 211, 215

U

Uniform 50ff., 208, 210

V

Verführung 119
Vorurteile 65f., 87, 90

W

Wald-Therapie 173
Wein 39, 77, 81, 84f., 214
Wetter 13, 183ff., 190

Z

Zuschauereffekt 193, 196

Psychologie-Lehrvideos im Web
www.psychologie-lernen.de

Sport gegen die Depression?

Intelligenzmanipulation durch Priming und Placebo-Effekte?

Gedankenlesen für Einsteiger

Macht Meditation intelligent und glücklich?

Allein auf YouTube wurden die Videos bereits mehr als zwei Millionen mal angeschaut.

Psychologie-Lehrvideos im Web
www.psychologie-lernen.de

Wie sehr lassen wir uns vom Aussehen von Politikern beeinflussen?

Unbewusste Beeinflussung durch Musik

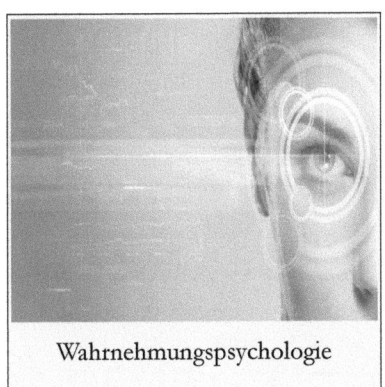

Wahrnehmungspsychologie

Unbewusste Beeinflussung durch Düfte

Alle Videos gibt es auch auf Englisch:
www.LearningPsychology.net

Psychologie-Lehrvideos im Web
www.psychologie-lernen.de

Kann man Intelligenz trainieren?

Armut und Intelligenz

Kann uns Musik hilfsbereiter machen?

Kulturelle Einflüsse auf unsere Selbstdisziplin

Und viele mehr!
Außerdem können alle Episoden auch als mp3-Datei heruntergeladen werden.